대화로 푸는 성경 : 창세기

비신자와
새신자를
위한

대화로
푸는
성경

창세기

강신욱 지음

규장

프.롤.로.그

2020년 12월,
갈 바를 알지 못하고(히 11:8) 부산에 왔다.
영하 12도라는 추위를 기록한 탓도 있지만
정말 춥고 어색한 겨울을 보냈다.
이십 년 가까이 성장기를 보낸 곳이 이렇게 낯설 줄이야….

예수님처럼 잃어버린 양(눅 15:4)을 찾겠다고 했지만
어디서부터 어떻게 시작해야 할지 몰랐다.
거의 삼십 년 만에 만난 옛 친구들은
예전처럼 살갑지 않았다.
그저 계속 기도하던 사람들의 이름을 부르며
기도만 하며 육 개월을 보냈다.
많이 힘들었지만
하나님이 일하시는 걸 기다리는 시간이었고,
기다림을 배우는 시간이었다.

육 개월이 지나 전혀 알지 못했던 사람들을 만났다.
기적 같은 만남이었고, 그 기적은 지속됐다.
그들에게 거의 일 년간 복음을 전하며,
함께 창세기를 공부하게 될 줄 몰랐다.
그들은 목사를 가까이 대하는 게 처음이라
어색하다 했지만 실은 내가 더 설레고 조심스러웠다.
하나님이 일하시는 걸 보는 시간이었고,
하나님이 하셔야 함을 배우는 시간이었다.

창세기의 절반인 25장까지 공부했을 때
공교롭게도 한 분이 카페를 시작하셨고,
또 한 분은 시어르신이 편찮으셔서
공부를 지속하기가 어려웠다.
겸사겸사 날도 더워서 방학을 하자고 했다.
비록 창세기를 다 마치지는 못했지만
절반의 내용을 나의 첫 책으로 낸다니 감격스럽다.

이 책은 성경공부 교재가 아니며,
창세기의 참고서나 요약서도 아니다.
나 자신이 복음에 다시 눈뜨고 마음이 뜨거워진 고백록이며,
기독교와 성경을 주제로 비신자와 대화한 소통의 기록이자,
초자연적인 사건은 없지만
내겐 분명히 하나님이 일하신 기록이다.

책을 출간하게 된 기쁨을
아브라함 같은 인생을 사시며 신앙을 물려주신 선친,
말씀을 사랑하는 어린아이 같은 마음을 가르쳐주신
고 여운학 장로님,
목회와 설교를 가르쳐주신 김태권 목사님,
십오 년간 날 담임목사로 믿고 따라준
남서울평촌교회 식구들,
아들람이 되어주신 조현삼 목사님과 서울광염교회 성도들,
낮은울타리 사역을 귀히 보고 후원해주시는 모든 분,

오랜 시간 격려하며 기다려주신 규장 여진구 대표님,
졸고를 다듬느라 애써준 김아진 편집장님과 함께하고 싶다.

무엇보다 나와 일 년의 시간을 함께해주고
소감문까지 써주신 박정희 님, 송주영 님, 정은화 님과
다들 말리는 일에 기꺼이 동참하고 응원해준
나의 사랑하는 가족에게 감사를 전한다.

낮은울타리지기

강신욱

프롤로그

인트로

강 목사,
성경을 전혀 모르는 이들을 만나다

기적 같은 일

2021년 5월 말, 한 교회에서 주일예배 설교를 하게 됐다. 설교 전에 내 소개를 하며 '비신자를 지향하는 교회'를 세우기 위해 하는 일들을 소개했다.

설교한 그 주간에 그 교회의 담임목사님에게서 전화가 왔다. 한 성도가 해운대에 사는 친한 지인에게 복음을 전하고 싶으나 거리가 멀어 기도만 하고 있다면서, 혹시 내가 그들을 만나줄 수 있는지 물었다고 한다. 그래서 나는 흔쾌히 내 연락처를 그 성도에게 주도록 했다.

두 주 정도 지난 후 그로부터 연락이 왔다. 나는 나를 신뢰하고 친한 지인들을 만나달라고 부탁해줘서 고맙다고 말했다. 그리고 그들이 나를 만나려는 마음이 있어야 하니 같이 기도하자고 했다.

나는 그들의 이름을 받아 매일 아침저녁으로 부르며 만남이 이루어지도록 기도했다. 얼마 후, 그들이 나를 만나겠다고 했다는 연락을 받았다.

나중에 안 이야기지만, 그는 오랜만에 지인들과 만난 자리에서 내 이야기를 꺼내려고 망설이다가 헤어지기 직전에 불쑥 꺼냈다고 한다. 그런데 지인들이 너무 쉽게 그러자고 했다고 한다. 그는 기쁨을 감추지 못하는 음성으로 소식을 전했고, 나도 만남이 성사되어 기쁘다고 말했다.

전혀 알지도 못하는 남자, 그것도 목사를 만난다는 게 꽤 부담스러웠을 텐데 흔쾌히 결정했다고 하니 내겐 기적처럼 여겨졌다. 열흘 동안 하나님께서 좋은 만남이 되도록 인도해주시길 기도했고, 드디어 만남의 날이 되었다.

공교롭게도 만나기로 약속한 카페가 붐벼서 자리를 옮겨야 했다. 시작이 매끄럽지 않아 조금 염려가 됐다. 그런데 감사하게도 자리를 옮긴 곳이 사람도 드물고 조용해서 대화하기가 훨씬 좋았다.

어색한 인사를 나눈 후에 주문한 음료가 나와 마스크를 벗고 서로 소개를 했다. 두 사람은 사십 대 평범한 주부였다. 그들이 기독교에 관심을 갖게 된 이야기를 듣고서 나도 기존의 목회를 벗어나 지금의 일을 하게 된 배경을 전했다.

한 시간쯤 이야기를 나누고 '성경공부 같은 모임'을 하면 어떻겠냐고 제안했다. 매주는 부담스럽고 격주가 좋을 것 같다는 반응이 나왔다. 카톡방을 개설하고, 자녀양육에 관심이 많은 엄마들인지라 혹시 공통분모가 있을까 싶어 아내가 가사를 쓴 〈요게벳의 노래〉와 〈이 아이들을 만나주세요〉 음악 영상을 공유했다.

만남을 마치고 돌아오는 길은 구름 위를 걷는 듯했다. 집에 돌아와 모임을 어떤 내용으로 어떻게 시작할지 기도했다.

첫 비신자 모임

전날 새벽 1시가 훨씬 넘어 잠들었는데 아침 6시에 잠이 깼다. 아내는 더 자라고 했지만 모임 때문에 잠이 오지 않았다. 책상 앞에 앉아 한참 기도했다. 처음엔 그들이 쏙 빠져들 수 있는 주제와 내용을 잘 준비하게 해달라고 기도했다. 그런데 기도 중에 내가 그들의 영혼보다 내가 말하고자 하는 걸 더 중요하게 생각한다는 걸 깨닫고 마음을 고쳐먹었다.

'하나님, 제게는 지혜로운 언변을 주시고, 그들에게는 열린 마음을 주셔서 잘 소통하는 유익한 시간이 되게 해주세요.'

매일 부르던 그들의 이름을 더 간절한 마음으로 부르며 기도했다. 다들 근처에 살고 있어 걸어서 약속 장소에 올 수 있었다. 나는 먼저 도착해서 커피 한 잔을 마시며 기다렸다. 곧 두 명이 같이 들어왔다. 아무래도 만나서 함께 온 것 같았다.

"어서 오세요. 잘 지내셨어요? 너무 덥습니다."

"부산이 너무 습하죠? 이사 오신 분들이 처음엔 이 습기에 적응하지 못해 힘들어해요."

"제가 성장기를 보낸 곳이라 괜찮을 줄 알았더니 이십 년 만에 와서 그런지 좀 힘드네요."

"작년엔 장마가 길어 진짜 힘들었어요. 저는 십 년이 되었는데도 적응이 안 되네요."

"제습기가 없으면 순식간에 옷에 곰팡이가 슬어요."

"제습제로 안 되나요?"

"예, 제습기도 틀어야 합니다."

이런 대화로 어색함을 해소하고 있는데 다른 한 여성이 들어와서 앉았다. 셋은 서로 아는 사이였다. 그 역시 둘을 소개한 분이 일부러 자기 차로 데리고 와서 모임 장소로 밀어 넣은 것이다(소개한 분은 당시 5인 이상 모임 금지 조치를 위반하지 않기 위해 동석하지 않았다).

내가 그에게 말했다.

"오늘 모임은 알고 오셨어요?"

"아뇨, 오는 차 안에서 들었습니다."

"봉변을 당하신 느낌이겠습니다."

"하하하~~"

그렇게 모임을 시작했다. 나는 성경을 펴는 대신 우리가 살면서 인식하는 자연과 인식하지 못하는 초자연(초월), 그리고 세상을 그렇게 이분법적으로 보도록 만든 기원전 4세기부터 시작된 헬라 철학 이야기부터 시작했다. 그리고 헬라 철학 전에는 동서양이 공히 자연과 초월을 나누지 않았던 것을 예를 들어 설명했다.

이어서 하나님, 천사, 마귀, 창조, 인간, 타락, 예수, 믿음 등 자연과 초월을 아우르는 기독교 신앙의 성격을 한 시간 정도 말했다. 처음엔 뻔히 예상되는 성경 이야기가 아니라 자연, 초월, 철학 이야기여서인지 모두 좀 얼떨떨한 표정을 지었다.

그러나 언급한 내용을 부부간의 소통이나 자녀교육과 관련지어 이야기를 덧붙이니 대화가 이어졌다. 30분 정도 대화를 나눈 후에 나중에 합류한 여성에게 물었다.

"어떠셨어요? 갑자기 오셔서 힘들지는 않으셨나요?"

"아뇨, 재미있게 들었습니다."

그러자 먼저 온 둘이 말했다.

"다음에도 또 오면 되겠네."

"두 주 후에 같이 보자."

내가 말했다.

"오늘은 여기까지 하겠습니다."

다음 만남 때까지 셋은 창세기 1장과 2장을 읽어 오기로 했고, 나는 창조와 진화를 이야기하기로 하고 헤어졌다. 기도할 대상이 한 명 더 늘어 감사했다.

비신자 모임 피드백

오전에 모임을 했는데, 오후에 비신자들을 소개하신 분으로부터 연락이 왔다. 지인들에게 모임이 어땠는지 물어본 모양이었다.

"편하고, 좋았고, 복음을 말씀해주셨다고 했어요."

갑자기 떠밀리다시피 참석하게 된 이도 다음 모임에 참석하겠다고 했단다. 이런 걸 보고 '하나님이 하셨습니다'라고 할 것이다.

연락을 받을 때 나는 아내와 막내를 기다리며 실외 주차장 차 안에서 쨍쨍 내리쬐는 7월의 햇빛에 땀을 삐질삐질 흘리고 있었다. 그 연락을 받으니 마치 에어컨을 튼 것 같은 시원한 미소가 배시시 나왔다.

성경 없이 하는
성경공부

만남 1

세 명 모두 아주 어렸을 때 교회를 다녀본 경험이 있었다. 그
러나 신앙이 생기기도 전에 좋지 않은 일로 떠난 후 사십 년
가까이 교회를 멀리했다고 한다. 삼 년 전 잠시 근처 교회에
갔다가 오히려 더 마음을 닫게 되었다고 한다.

　다들 초등과 중등 자녀를 잘 교육하고 키우는 게 가장 큰
관심이며, 시간제로 남편을 돕는 일도 하고 있었다. 방학이라
아이들을 전적으로 챙겨야 하는 부담도 있다고 했다.

　나는 생면부지의 목사가 아쉬운 듯 달라붙는 인상을 주는
게 싫었다. 복음을 믿어달라고 애걸하듯 전하고 싶지 않았
다. 그런데 이런 여성들이 흔쾌히 성경공부를 하겠다고 하고,
같이 하자고 다른 사람을 데려왔다는 게 놀라웠다. 소개한
분도 이들이 거부하지 않고 공부를 시작하고 지속하는 게 기
적 같다고 했다. 방학이라 아이들이 집에 있어 사람이 많지 않
은 카페에서 월요일 오전에 모였다.

10시 30분부터 각자가 자기 음료를 사서 앉았다. 성경공부를 한다고 "기도로 시작합시다"라고 하지 않았다. 비신자들에게는 어색하고 힘든 시간일 테니까. 기도는 모임 전에 나만 하면 된다고 생각했다. 오히려 처음엔 아이스 브레이킹(ice breaking)이 필요했다.

"잘 지내셨어요? 특별한 일이 있으셨나요? 휴가는 다녀오셨어요?"

이런 질문을 주고받으며 두 주라는 시간 간격의 어색함을 해소했다. 다들 성경이나 필기구 없이 음료만 들고 앉았다. 내가 그러면 좋겠다고 했다. 그들에게 성경이 없기도 하거니와 카페에서 성경책을 펴놓고 있는 모습 자체가 드나드는 사람에게 덕스럽지 않게 보일 수 있기 때문이었다. 또 오래 자리를 차지하고 있을 것처럼 보이면 카페 매니저에게도 부담이 될 것 같았다.

교재 없이 나만 이야기를 했다. 중간에 내가 묻기도 하고, 그들이 반응하기도 했다. 나는 작은 메모지와 볼펜을 들고 있다가 시각적으로 설명하는 게 이해에 도움이 되겠다 싶을 때 간단하게 그림을 그리기도 하고 몇 자 쓰기도 했다.

기독교와 성경을 개괄적으로 설명했다. 질의응답을 하는 중 아이들이 창조와 진화에 대해 궁금해한다고 해서 다음에 그 이야기를 해보자고 했다. 무료 성경 앱도 있으니 창세기 1장과 2장을 읽어 오면 좋겠다고 했다.

시간은 12시를 넘긴 적이 없었다. 계속 이야기가 이어지더라도 11시 50분에는 마쳤다. 30분쯤 되어 "오늘은 여기까지 하겠습니다"라고 하면 질문이나 소감을 말하기도 했다. 그러다 보면 20분 정도 대화가 이어졌다. 50분에 가까우면 내가 컵을 정리하고 주섬주섬 짐을 챙겨 자리에서 일어섰다.

기도로 시작하지 않았으니 마칠 때도 기도하지 않았다. 돌아오는 길에 나만 기도하면 되니까. 아침에도 그들의 이름과 한 번도 본 적 없는 남편들의 이름까지 부르며 기도했다.

창조 이야기보다
사랑 이야기 :
창세기

만남 2

"창세기 1장과 2장 읽어보셨어요?"

"아뇨, 바빠서…."

"예, 그럴 줄 알았습니다."

자기들끼리 보고 웃었다. 숙제를 하지 않은 학생들처럼.

"사실 안 읽어도 상관없습니다. 하나님이 천지를 창조하셨
다는 이야기는 들어보셨죠?"

"예."

"어떠세요?"

"안 믿어져요."

"그렇죠. 창세기는 창조를 설명하는 책이 아닙니다. 약 삼
천오백 년 전 사람인 모세가 썼다고 하는데, 그가 하나님이
창조할 때 옆에서 본 것도 아니고, 또 하나님이 창조의 일들을
보여주시거나 일러주셔도 아마 다 이해할 수도 없었을 거예
요. 삼천오백 년 전 사람이 그 시대의 문학적 표현으로 쓴 것

을 현대인이 문자적으로 그대로 받아 창조를 이해하는 것도 무리지요. 다만 중요한 포인트를 놓치지 말아야 합니다."

하나님의 창조에 대해 공부한다고 하면 하나님의 창조를 믿으라고 할 줄 알았는데, 안 믿어진다고 해도 어쩔 수 없다며 지나가니 의외였던 모양이다.

몇째 날에 무엇을 만드셨는지 설명은 했지만 그걸 외우라고 하지 않고 그게 중요한 게 아니라고 하니 더 그랬을 것이다. 오히려 하나님이 세상을 창조하셨다는 걸 믿는 것보다 더 중요한 포인트는 뭘까?

"부모가 아이를 낳을 때 아이를 낳은 후에 유아용품을 사지 않습니다. 넉넉한 형편이 아니어도 먼저 이것저것을 준비한 다음에 낳지요. 하나님의 창조의 핵심은 '하나님이 언제 무엇을 어떻게 만드셨나'가 아니라 '가장 마지막에 사람을 지으셨다'라는 거예요. 사람이 살 곳을 준비하셨다는 거죠. 성경은 하나님이 사람을 사랑하신다는 이야기를 맨 처음인 창세기 1장부터 합니다."

"아, 그렇군요. 이런 설명은 처음 들어봐요."

"성경은 백과사전이 아니라 하나님과 사람 사이를 연결하기 위한 책입니다. 인생의 모든 문제나 역사나 과학의 답을 찾듯이 보면 핵심을 놓치지요. '사랑한다'라고 적은 편지를 사전처럼 읽으면 아무 소용이 없는 것처럼요."

"그렇군요."

"하나님의 형상을 따라 지음 받았다는 것은 하나님이 우리처럼 생겼다는 말이 아닙니다. 성경은 하나님이 '영'이라고 합니다. 정확하게 실체가 무엇인지 잘 모르고 '이것이다'라고 설명할 수도 없습니다. 하지만 눈 두 개, 코 하나, 입 하나, 손가락 다섯 개를 말하는 건 아닙니다.

하나님이 사람에게만 지정의(知情意)를 가지고 하나님과 소통하고 그분께 위임을 받아 그분이 지으신 자연 만물을 관리하는 책임과 권한을 갖게 했다는 거지요. 그렇게 지음 받은 사람이 맞은 첫째 날이 바로 '안식일'입니다. 여섯째 날 사람까지 다 만드시고 일곱째 날 하나님이 안식하셨다고 했는데, 하나님이 창조하시느라 피곤해서 쉬신 게 아닙니다. 그분은 육신이 아니어서 피곤하시지 않습니다. 사람이 만들어지고 처음 맞은 날이 안식일이라는 데 의미가 있어요.

이는 사람에게 '쉼'의 의미가 아니라는 거예요. 우리는 '안식' 하면 '휴식'이나 '쉼'을 떠올리는데 첫 안식일은 그렇지 않았을 것입니다. 쉽게 말하면 '충전'의 의미였죠. 우리가 휴대폰을 사면 안내를 받습니다. 먼저 충전해야 잘 쓸 수 있다고요. 사람도 충전이 필요했습니다. 그것은 자신이나 누군가를 위한 일을 하지 않고 그냥 하나님과 함께하는 거였지요.

그다음 날부터 자연 만물을 관리할 수 있는 지혜와 힘을 얻은 것이죠. 이 충전은 다른 말로 하면 '안정감'과 '자존감'입니다. 사람은 거기서 지혜와 힘을 얻습니다. 다른 곳에서 그것

대화로 푸는 성경

을 얻을 수 없으니 하나님과 함께하는 시간을 원하고 즐겼을 것입니다."

약간 이해되지 않는다는 표정이 보였다.

"아기들은 엄마 품에서 안정감과 자존감을 얻습니다. 아무 품에나 안겨 얻을 수 있는 건 아니지요. 조금만 자라면 똑같이 따뜻하게 안아주더라도 엄마가 아니면 밀어내고 심지어 웁니다. 그렇게 엄마 품에서 만족을 얻은 아이는 자기가 어디서 안정감과 자존감을 얻는지 본능적으로 압니다.

초등학교 고학년이 되면 제법 덩치가 커집니다. 그런데도 엄마 품에 안기길 원합니다. 엄마 품에서 쭉 충전을 받은 아이는 1,2초만 안겨있어도 충전이 됩니다."

이때 한 사람이 '큭' 하고 웃음을 참지 못했다. 나도 좀 놀랐지만 갑작스런 반응에 옆 사람들이 더 놀란 것 같았다.

"왜 그러세요? 제 표현이 좀 웃겼나요?"

"아뇨, 아이가 안기는데 제가 덥다고 밀쳐냈거든요."

옆에 있는 사람들도 같이 웃었다.

"이제 밀어내면 안 되겠네요."

"예, 1,2초면 됩니다. 긴 시간이 필요하지 않습니다. 그건 남편도 마찬가지입니다."

더 큰 웃음이 나왔다. 더위를 핑계로 남편들을 밀어내고 있었던 모양이다. 심지어 가끔은 발을 사용해서.

"그러지 말고 다른 가족이 보는 데서 짧게 안아주세요. 부산 남자들이 그런 격려를 받으면 어쩔 줄 몰라 하며 충성을 다할 것입니다."

"하하하, 정말 그럴 것 같아요."

다른 여러 이야기가 있었지만, 사랑 이야기만 남았다.

제가 죄인 맞는 것 같네요 :
선악과

만남 3

이 년쯤 되었을까? 여름이면 하루에 한 잔 이상 마셨던 아이스 아메리카노를 마시지 않은 지가. 시원하다는 느낌보다 마시고 나서 속이 얼얼한 느낌이 들고 심지어 배가 살살 아파온 경험을 몇 번 하고 나서 피하게 됐다.

그런데 지난 모임 때 너무 더워서 과감하게 아이스 아메리카노를 시켰는데 마침 카페 사장님이 에어컨을 세게 틀어주는 바람에 피부 안팎이 추워 결국 다 마시지 못했다. 이번 모임 장소로 향하면서는 '따뜻한 걸 마셔야지' 생각만 했다.

메뉴판을 보니 '따청귤'이라는 게 있었다. 뭐냐고 물어보려는데 영어 'Hot'이 보였다. 청귤청으로 만든 따뜻한 차였다. 자주 드나드는 곳이었지만 메뉴판을 거의 보지 않고 아메리카노나 오렌지 주스만 시켰다. 역시 '교과서'를 자세히 보면 많은 걸 얻을 수 있다. 기독교 신앙도 마찬가지다. 성경을 직접 보고 읽고 질문하고 공부하면 얻는 게 많다.

남편이나 아이들을 좀 안아주었냐는 질문으로 모임을 시작했다. 서로 얼굴을 쳐다보더니 "아이는 좀 안아줬는데 남편은…" 하며 말끝을 흐렸다.

"하나님은 눈에 보이는 만물을 만드셨고, 또 눈에 보이지 않는 질서도 만드셨습니다. 태양의 주위를 지구가 23.5도 기울어져 24시간 만에 자전을 하면서 일 년 만에 공전하는 것, 그리고 그렇게 계속 움직이는 지구의 주위를 공전주기와 자전주기가 같은 달이 계속 도는 것은 우연이 아니라 하나님이 만드신 질서입니다."

내가 그동안 A4용지를 두 번 접은 작은 쪽지에 적는 게 좀 안돼 보였다며 한 명이 내민 두툼한 노트 한 면에 그림을 그리며 설명했다.

"하나님은 남자와 여자를 만들며 둘 사이에도 질서를 만드셨습니다. 여자를 '돕는 배필'로 정하신 것이죠. 여기엔 이유가 있습니다. 집에서 누가 주도권을 갖고 있습니까?"

"저요."

"저도요."

"당연히 저죠."

"그렇죠? 가정에서 보통 여성이 주도권을 갖습니다. 남자들도 종종 아내한테 잡혀 사는 게 편하다고 이야기하죠. 하나님이 흙으로 남자를 만드셨습니다. 여자는 남자의 갈비뼈로 만드셨지요."

"그 이야기는 들어봤습니다."

"그래요? 처음 들어보는 이야기가 아니라니 다행이네요. 좀 우스갯소리 같지만 만들어진 재질로 보면 남자는 옹기, 여자는 도자기입니다. 가만히 두면 둘 사이에 주도권을 누가 가질까요?"

"여자요."

"맞습니다. 센(?) 쪽이 주도권을 갖는 게 자연스럽습니다. 여성의 입학이 제한되었던 사관학교가 여성에게 개방되자 최근엔 입학이든 졸업이든 여생도가 수석을 차지하는 경우도 생겼다고 해요. 각종 고시 합격생도 마찬가지고요."

"예, 알고 있습니다."

"사자가 양보다 힘이 세니 사자가 양을 잡아먹는 것이 자연스럽지요. 만약에 둘 사이에 같이 지낼 규칙이 필요하다면 사자에게 '양을 잡아먹지 말라'라고 하면 되지 양에게 '사자를 잡아먹지 말라'라고 할 필요가 없습니다. 사람을 만드신 하나님이 남녀의 본성을 아시니까 부부 사이에도 그렇게 질서를 만드신 것 같습니다."

"하나님은 하나님과 사람 사이에도 질서를 만드셨습니다. 그것은 선악과로 알려진 선악을 알게 하는 나무의 열매를 먹지 말라는 거였지요. 혹시 선악과가 무슨 과일인지 아세요?"

"사과요?"

"복숭아 아닌가요?"

"성화에 보면 사과처럼 보이던데요."

"성화를 자세히 보셨군요. 사과처럼 보이지요. 옛날엔 먹고 싶을 정도로 맛있는 과일의 대명사가 사과였나 봅니다. 남자의 목에 튀어나온 울대뼈를 영어로 'Adam's apple'이라고 하는 걸 보면 정말 사과인가 싶기도 하지요. 하지만 선악과의 핵심은 과일이 아닙니다. 과일의 어떤 성분이 사람을 타락시킨 것이 아니니까요.

'특정 과일을 따서 먹는다'라는 선도 아니고 악도 아닌 일에 하나님이 대단하고 심각한 의미를 부여한 것을 어떻게 받아들이느냐가 핵심입니다. 가치중립적인 일이어야만 질서 준수의 리트머스 시험지가 될 수 있지요. 만약 하나님이 '양의 배를 가르고 창자를 씹어 먹으면 정녕 죽으리라' 하셨다면 너무 끔찍한 일이라 당연히 거부했을 것 같거든요."

"정말 그렇게 생각이 되네요."

"간교한 사단은 여인에게 가서 선악과를 먹으라고 합니다. 하나님의 질서 속에서 여인은 어떻게 해야 할까요?"

"남편과 의논해야죠."

"맞아요, 그런데 여인은 혼자 판단하고 혼자 먹었습니다. 있어야 할 자리를 지키지 않았지요. 이것이 타락입니다. 그런데 성경은 여인이 선악과를 먹어서 타락했다고 하지 않습니다. 인간의 대표성은 아담에게 있기 때문입니다. 직접 사단의 유혹을 받지 않았음에도 아담은 아내가 건넨 선악과를 먹음으로써 신과의 관계에서 있어야 할 자리를 떠났습니다. 이것이 성경이 말하는 타락입니다."

"타락이라고 하면 아주 몹쓸 짓을 한 것처럼 생각되는데…."

"타락한 부부는 서로 사랑하지 않고 서로 '네 탓이다' 핑계를 댑니다. 타락한 사람은 하나님을 보기 싫어합니다. 성경에는 나무 뒤에 숨고 나뭇잎으로 자신을 가렸다고 했는데, 그럼 전에는 자신이 알몸인 것도 모르고 지내다가 그때 깨닫고 갑자기 부끄러워졌다는 것일까요? 그것 역시 핑계죠. 아이들이 잘못하면 여러분들 얼굴을 제대로 쳐다보나요?"

"아뇨."

"마찬가지로 나뭇잎은 하나님으로부터 자신을 가리려는 도구였을 뿐입니다. 이제 하나님과 편하게 만나 안식하고 충전하는 관계가 아니니까요. 이렇게 신과의 질서가 깨어져 신을 거부하는 상태를 성경은 '죄'라고 하고, 그런 상태에 있는 사람을 가리켜 '죄인'이라고 합니다."

나는 잠시 숨을 돌리고 이야기를 끝맺었다.

"오늘은 여기까지 하겠습니다. 궁금한 점이나 소감을 한번 말해볼까요?"

"그럼 그 후 뱀은 어떻게 됐나요?"

바로 옆에 앉은 한 명이 뭘 그런 걸 묻냐며 핀잔을 주자 질문한 이가 "궁금하잖아"라고 응수했다. 나는 "솔직히 궁금하죠. 그건…(여기선 중요하지 않아 생략)"이라 답했다.

옆에 앉아 핀잔을 줬던 사람이 말했다.

"저는 교회에 가면 '죄인'이라고 하는 게 불편했어요. 그래도 나름 법을 지키면서 살고 있는데 죄인이라고 해서요. 그런데 목사님 설명을 듣고 보니 제가 죄인이 맞네요."

"저도 죄인 맞는 것 같습니다."

"저도요."

솔직히 의외의 순간이었다. 전혀 기독교 배경이 없고 성경을 같이 펴서 읽는 것 자체도 부담스러워하는 사람들이 순순히 자신이 죄인이라고 고백할 줄 예상하지 못했다.

모임을 마치고 이들을 소개한 분에게 말했더니 깜짝 놀라며 "예? 정말요? 쉽게 그럴 사람이 아닌데"라고 말했다.

"저도 놀랐습니다."

"와, 정말 감사한 일이네요."

나는 꿈을 꾸는 것 같은 행복과 보람에 잠겨 '하나님, 감사합니다'를 반복했다. 다음 모임을 기대하며.

아는 만큼
살 수 있다 :
복음

만남 4

오전 10시 25분. 약속 장소에 5분 먼저 도착해서 따뜻한 청귤차와 간식용 빵을 사고 있는데, 같이 공부하는 분들이 띄엄띄엄 도착했다. 각자 자신의 음료를 사서 늘 앉던 테이블에 앉았다.

"지난번 모임 때 하나님의 질서에서 떠난 것이 죄이고 타락이라고 했던 것 기억나시죠?"

"예."

"이것처럼 우리가 보통 사용하는 단어와 성경에서 말하는 단어가 생긴 것은 같아도 의미가 조금 다를 때가 있습니다. 보통 '사랑'이라고 하면 연인이나 사람 사이의 애틋한 감정을 생각하지만, 성경에서 말하는 하나님의 '사랑'은 마치 부모가 어린 자식을 사랑할 때 앞뒤 좌우를 생각하며 어떤 때는 거절하기도 하고 어떤 때는 미리 뭔가를 준비하기도 하는 것과 같은 성격입니다. 성경적 의미로 '타락'을 말하는데 일반적 의미로 들으면 불쾌할 수 있지요."

"맞아요."

"아담과 하와가 타락하고 하나님의 얼굴을 외면하기 위해 무화과 잎으로 자신을 가렸습니다. 그때 하나님은 에덴동산에서 내쫓기는 그들을 위해 가죽옷을 지어 입히셨어요. 이것이 성경에 나오는 첫 희생입니다. 좋은 환경이 아닌 에덴동산 바깥으로 나가는 그들을 위해 짐승이 죽은 거죠. 인간이 처음으로 '죽음'이란 실체를 경험한 겁니다. 그 죽음의 성격이 뭐냐면 '희생'입니다. 사람을 위한."

"아…."

"그 후 타락한 사람을 위해 하나님이 만들어주신 제도가 제사입니다. 혹시 성경에 '레위기'란 책 들어보셨어요?"

"아니요."

"제사법과 율법을 기록한 책이에요. 거기에 보면 죄지은 사람이 자기 죄를 없애기 위해 짐승을 제물로 잡는 내용이 나옵니다. 그런데 그냥 짐승이 아니라 일 년 된 양이에요.

옛날에는 집에서 어미 양으로부터 새끼를 직접 받았습니다. 너무 어린 새끼는 마치 요즘 애완견처럼 집에서 키웠지요. 그러니 얼마나 정을 줬겠어요. 그런데 어느 날 자기의 죄 때문에 제물로 그 양을 바쳐야 했지요. 양 머리에 손을 얹고 자기 죄가 양에게 옮겨지도록 합니다. 그리고 자기가 그 양을 죽입니다. 네 다리를 자르고…."

대화로 푸는 성경

한 분이 입을 가리고 "아…" 하며 낮은 비명을 질렀다.

"너무 끔찍하네요."

나는 계속 설명했다.

"그렇죠? 그런데 그렇게 해야 했습니다. 배를 가르고 창자를 빼내고 제단 위에 벌여 놓고 제사를 지냈어요. 그 사람의 마음이 어땠을까요?"

"양에게 미안했을 것 같아요."

"예, 다시는 죄를 짓지 말아야겠다고 다짐했겠지요. 그런데 그게 가능할까요?"

"아니요."

"그럼 또 다른 양을 잡아야 하는 겁니다."

"점점 만성이 되어 나중에는 괜찮아졌을까요?"

"그 일이 만성이 될까요? 또 다른 양을 자기가 직접 받아내고 또 다른 생김새와 다른 느낌으로 다른 이름을 부르며 길렀을 텐데요."

"그러네요. 만성이 될 수 없겠네요."

"이 개념이 바로 '대속'(代贖)입니다. 혹시 들어보셨어요?"

"아니요."

내가 준비한 메모지에 볼펜으로 '代贖'을 썼다.

"대신할 대 자에 값을 치른다는 속 자입니다. 옛날에는 조개를 화폐로 쓰기도 했지요?"

"예, 그건 알고 있어요."

"대신 대가를 지불한다는 의미가 바로 '대속'입니다. 제물이 된 양의 입장에서 보면 대속이지만, 양 대신 목숨을 건진 사람의 입장에서 보면 '구속'(救贖)이지요."

'代贖' 아래에 '救贖'을 썼다.

"구원할 구 자를 써서, 값을 치르고 구원받았다는 의미입니다. 이 대속과 구속의 정점이 바로 예수님의 십자가입니다. 성경은 예수님을 향해 '세상 죄를 지고 가는 하나님의 어린 양'이라고 했습니다. 예수님은 우리 모두의 죄를 대신해서 십자가에서 죽으셨어요. 마치 양에게 죄가 전가되듯이. 성경은 우리가 예수님을 십자가에 못 박았다고 했습니다. 마치 사람이 양을 제물로 잡아 죽이듯이."

세 명의 표정이 사뭇 진지해졌다.

"예수님이 십자가에서 하신 말씀 중 중요한 것이 '다 이루었다'인데, 이것은 다른 말로 '대가를 다 지불했다'라는 의미입니다. 십자가의 예수님을 믿는다는 것은, 마치 양에게 내 죄가 다 전가되어 양이 대신 죽으면 내가 하나님과 다시 좋은 관계가 될 수 있다는 걸 믿는 것과 같습니다. 그 사람이 구원받기 위해 양에게 의지하는 것처럼 지금 우리는 예수님을 의지하는 것입니다. 이것이 기독교에서 말하는 예수님을 믿어 구원을 얻는다는 내용이지요."

세 명은 고개를 끄덕끄덕했다.

성찬의 복음

"그런데 복음은 이게 다가 아닙니다."

그들이 의아한 표정을 지었다. '십자가 이야기를 하고 예수님을 믿어 구원을 얻는다고 했는데 복음에 또 뭐가 있다는 거지?' 하는 표정으로.

"십자가 복음은 우리가 어떻게 구원을 받았느냐는 거고 이렇게 구원을 받으면 하나님의 백성이 되어 천국에 간다는 거예요. 그런데 그동안 한국 교회는 다분히 이 부분만 전했습니다. 하지만 이것만 전하면 '나중에 천국 갈 사람들만 모여서 우리끼리 잘해보자' 하는 게 됩니다. 십자가의 복음만 알면 반쪽 복음입니다. 우리가 놓치지 말아야 할 것이 바로 성찬의 복음입니다. '성찬'이라고 들어보셨나요?"

"아니요."

"교회에서 떡과 포도주를 먹으며 '예수님의 살이다', '예수님의 피다' 하는 이야기 못 들어보셨어요?"

"그 이야기는 들어봤습니다."

"바로 그것입니다. 구약의 모든 제도가 사라진 후 예수님이 만드신 제도가 바로 '성찬'입니다. 성도가 같이 밥을 먹는 것이지요. 당시에는 이것이 엄청난 사회적 이슈가 되었습니다. 신분 사회여서 자유인과 노예의 겸상이 허용되지 않았는데 교회에선 신분에 의한 차별 없이 겸상을 했기 때문입니다. 그 시대에 유일하게 '노예를 위한 밥상'이 교회에 차려진 거죠.

이것은 예수님이 만드신 하나님나라의 성격을 나타냅니다. 신분이나 빈부의 차별이 없다는 거지요. 성경에 보면 하나님나라를 비유하는 표현이 나오는데요, '사자들이 어린 양과 뛰놀고'입니다. 하나님나라의 특징은 모든 짐승이 획일적으로 양이 되는 게 아니라 사자가 힘으로 위협하지 않고 양이 사자 앞에 주눅 들지 않는다는 것입니다.

복음은 나중에 죽어서 천국 간다는 것만 있지 않고 '이 땅에서 어떻게 하나님나라를 이루며 살 것인가'까지 포함하는데, 그것을 드러낸 것이 바로 성찬입니다. 그래서 복음은 대속의 십자가와 차별 없는 성찬이 같이 가야 합니다."

"이런 이야기는 처음 듣습니다."

"그동안 한국 교회는 십자가를 강조하기에 바빴습니다. 이 땅에서 교회와 성도를 통해 이루어져야 할 하나님나라의 모습에 대해서는 잘 전하지 않았지요. 내세의 천국을 강조하고 이 땅에선 각 교회가 커지는 것을 하나님나라의 확장으로 생각했으니까요. 저도 사십 대 초반까지는 그렇게 생각했습니다. 그런데 뭔가 아닌 겁니다. 다시 성경을 보고 공부하며 아닌 걸 알게 되었어요.

실은 성찬식 때 차별 없는 하나님나라도 함께 강조되어야 하는데, 그런 말은 전혀 없이 오직 예수님의 살과 피를 먹고 구원받는다는 이야기만 했습니다. 그러고는 돈 있는 사람들끼리 거한 식사를, 돈 없는 사람들끼리 약소한 식사를 하는 일이 비일비재했지요. 하지만 이런 일이 교회에 있으면 안 됩니다. 교회는 하나님나라의 축소판이니까요.

그런데 이런 이야기를 하면 노동 운동가나 좌파로 오해받습니다. 실은 로마 시대에도 신분을 뛰어넘은 평등을 강조한 성찬 때문에 심한 핍박을 받았었지요. 하지만 여기까지 이야기해야 진정한 복음입니다."

"목사님, 십자가 이야기도 이렇게 자세하고 쉬운 설명은 처음 듣고요, 성찬 이야기는 완전 처음 듣습니다."

"이런 삶을 살고 싶으세요?"

다들 내 눈을 쳐다보긴 하는데 뭐라 대답해야 할지 모르는 표정이었다.

"당장 결단하라는 게 아닙니다. 이 이야기를 들어보니 어떠세요?"

그들은 자신들이 경험한 교회와 교인들 이야기를 했다. 왜 그들이 교회와 교인들에게 등을 돌리게 되었는지 알게 됐다. '이런 배경이 있음에도 목사인 나를 만나주고 있었구나' 싶어 고마운 마음이 들었다.

"복음이 좋은데, 우리가 어떻게 그렇게 살 수 있을까요?

첫 번째는 옛날 사람이 양에게 자기 죄를 의탁하듯 우리 죄를 예수님에게 의탁하는 겁니다. 이건 어떻게 설명할 수도 없고 증명할 수도 없는 각자의 마음속에서 일어나는 일입니다. 정말 여러분의 죄를 예수님이 맡으셨다고 믿어버리는 겁니다. 그럼 갑자기 성자가 된다거나 외부적으로 특별히 달라지는 건 없지만 여러분 마음속에 어떤 일이 일어날 겁니다. 여러분이 그렇게 하실 수 있으면 좋겠습니다.

두 번째는 우리가 할 수 있는 분량만큼만 하면 됩니다. 거창하게 사회를 개혁할 수는 없어도 우리가 사는 곳에서 만나는 경비 아저씨, 청소하는 아주머니를 친절하게 대할 수 있습니다. 쓰레기 분리수거만 잘해도 그들을 도와주는 겁니다. 번거로운 일이지만 이웃을 위해 하는 게 하나님나라의 삶을 실천하는 것입니다."

"우리는 이 자리에서 나가면 다 까먹는데요."

"맞아요."

"그래도 단톡방의 목사님 프사(프로필 사진) 보면 공부했던 게 기억나요."

"이젠 프사를 보지 않고 플라스틱 쓰레기만 봐도 제가 생각날 겁니다. 하하."

"그럴 것 같아요."

"오늘은 여기까지 하겠습니다."

그날 오후 8시경 단톡방에 글이 올라왔다.

대화로 푸는 성경

"목사님 프로필 사진을 보며 해주신 말씀을 다시 한번 생각합니다. 오늘 감사한 시간이었습니다."

"저도 종일 목사님 말씀이 생각났습니다."

나도 답글을 달았다.

"감사합니다. 덕분에 가슴 뿌듯하게 잘 수 있겠습니다."

나와 성경공부를 하는 비신자 세 명은 모두 사십 대 엄마들이다. 엄마들의 최대 관심은 당연히 자녀다. 처음 만났을 때, 이들로부터 초등학생 자녀들에게 좋은 영향을 주고 싶어 어린이성경을 사줬다는 이야기를 들었다.

아이들은 노아의 방주 이야기까지만 흥미롭게 읽다가 그 후엔 덮었다고 한다. 엄마가 기독교 신앙이 없고 성경을 읽지 않는 상태에서 아무리 상식과 선한 영향을 위해 사준 책이라지만, 그리스 신화만큼 재밌지도 않은 책을 읽을 리가 없다.

엄마들은 솔직히 자기들이 어린이성경을 읽어도 무슨 이야기인지 도통 이해하기 어렵다고 했다. 나는 이들과 성경 내용을 공부하며 성경을 읽으라고 요구하지 않았다.

실은 첫 시간에 공부하는 내용이기도 하고 관심을 위해서라도 창세기 1장과 2장을 읽어오라고 했는데 아무도 읽지 않았다. 그래서 그다음부터는 숙제를 내지 않았다. 그런데 지난 시간에 마칠 즈음 한 분이 말했다.

"목사님, 혹시 우리가 읽어올 것 있으면 말씀해주세요."

"왜요?"

"아무것도 하지 않고 그냥 와서 좋긴 한데 좀 미안해서요."

"미안할 것 없어요. 제가 지금 설명하는 내용이 성경 한 군데가 아니라 여기저기 왔다갔다해서 숙제를 드리기도 어렵습니다. 그냥 지금처럼 와서 듣기만 하면 됩니다."

"계속 이래도 되나요? 그러면 저희는 좋죠."

다른 분이 말했다.

"그래도 아이들 잘 때 성경 이야기를 들려줘요."

"정말요? 대단하십니다."

"아니요, 힘들어서 잘 못 해요."

"그렇죠, 솔직히 소리 내서 성경 읽기가 많이 힘듭니다. 그런데 어떻게 아이들에게?"

"성경 앱을 틀어줘요."

그는 스마트폰을 열어서 어떤 앱을 사용하는지 보여줬다.

"저도 들려주고 있어요."

읽을거리를 달라고 했던 분도 폰을 열어 앱을 보여줬다.

"그런데 몇 절 안 가서 애들이 금방 자던데요. 좀 들었으면 좋겠는데."

앱으로 성경을 들려준다는 두 엄마는 비슷한 사정이라는 듯 서로 마주 보며 웃었다.

이들에게서 교회나 기독교인에 대해 불편하게 겪은 일과 부정적 시각을 들은 적이 있다. 안타깝게도 아주 비상식적인 교회와

신자들을 만나 마음의 골이 깊었다. 남편들도 몹시 부정적이라고 했다.

'이런 경험이 있는데도 목사인 나를 만나보겠다고 하고, 성경공부를 제안했을 때 하겠다고 한 것이구나.'

만감이 교차했다. 그런데 두 달 사이 이런 변화가 생겼다. 또한 자신들에게 시작된 변화를 좋은 것이라 여겨 아이들에게 주고 싶어 하는 모성애가 참 귀하게 보였다. 이런 분들을 만나 변화를 직접 경험하고 공감할 수 있어 참 감사했다.

창세기는 과학 교과서가 아닙니다 : 천지창조

만남 5

모임 5분 전에 도착하니 우리가 앉던 장소에 다른 손님이 앉아있었다. 늘 시키던 따뜻한 청귤차를 주문하고 좌우 다른 손님들과는 가장 먼 거리에 자리를 잡았다.

뒤이어 한 사람씩 들어왔다. 각자 주문하고 앉아서 보니 미리 이야기를 나눈 것도 아닌데 다들 흰색 옷을 입고 있었다. 내가 입을 뗐다.

"오늘 드레스 코드가 흰색이네요."

"어, 그러네요. 아이보리예요."

아마 남자 중에는 흰색과 아이보리의 차이를 모르는 사람이 많을 것이다. 역시 여성들이라 더 민감하게 구분했다.

"전에 말씀드린 대로 성경의 주요 사건을 하나씩 이야기하겠습니다. 오늘은 성경에 처음 나오는 이야기인 '천지창조'입니다. 이 이야기는 성경 가장 앞에 있는 '창세기'에 나오는데 창세기는 '세상이 창조된 기록'이란 의미예요. 그런데 주의 사항이 있습니다. 창세기는 지금부터 약 삼천오백 년 전에 기록된 고대 문학입니다. 이걸 우주와 지구와 생물이 창조된 이야기라고 해서 과학 교과서처럼 보지 말아야 합니다."

지난 모임 때 가족 휴가로 빠졌던 한 분이 말을 이었다.

"안 그래도 어제 아들이랑 창조와 진화에 대해 이야기했어요. 아들은 아무리 생각해도 진화를 믿을 수 없대요."

학교에서 진화론을 교육받는 아이가 그런 말을 했다니 흥미로워서 질문했다.

"아이가 그런 얘길 해요? 왜요? 그래서요?"

"자기는 외계인 창조설을 믿는대요."

"예? 하하하~"

아이의 대답에 다들 빵 터졌다.

"아이의 생각에도 우주에 떠돌던 아미노산이 우연히 만나 단백질 합성체가 되고 생명체가 되었다는 건 믿어지지 않는가 봅니다. 그것보다는 차라리 아주 고등한 생명체가 뭔가를 시작했다고 믿는 게 더 낫다고 생각한 모양이네요. 그런데 외계인이나 신이나 존재를 증명할 수 없다는 공통점이 있으니 신에 대해서도 한번 생각해보라고 하세요."

"성경의 제일 첫 구절인 창세기 1장 1절에 '태초에 하나님이 천지를 창조하시니라'라고 했습니다. 성경에 '창조하다'라는

대화로 푸는 성경

동사 앞에 나오는 주어는 항상 '하나님'입니다. 다른 주어는 사용되지 않습니다. 아무것도 없는 것에서 무언가를 만드는 창조는 하나님만 하실 수 있다는 거죠. 사람도 무언가를 만들지만 재료가 있어야 하니까 그건 창조가 아니라 '제조'라고 해야겠죠. 그 재료를 처음 만든 존재가 하나님이란 겁니다.

그런데 이 '하나님'을 인간이 잘 모릅니다. 우리는 '하나님'이라 하고, 영어권 사람들은 'God'이라 부르고, 성경은 '엘로힘'이라고 하는데 정확하게 누구인지, 어떻게 존재하는지 잘 모릅니다. 그래서 '신'이죠.

사람도 부모 자식 관계에서 자식이 아빠 엄마의 관계를 정확하게 모르고 존재 양식을 설명해도 이해할 수 없는데, 사람이 신의 존재 양식을 다 이해한다는 것 자체가 말이 안 되지요. 아마 하나님이 설명해줘도 모를 겁니다.

예전에 영화 〈인디아나 존스〉 4편에서 남미의 문명을 만들어준 것이 외계인이라는 설정이 나오는데, 한 과학자가 외계인의 지식과 내용을 알고 싶어 하자 외계인이 알려주거든요.

그런데 그걸 감당하지 못해서 사망하는 걸로 나옵니다. 스티븐 스필버그 감독이 인간의 한계를 표현한 거라 생각해요. 아마 인간이 호기심으로 알려달라고 해서 하나님이 알려주시면 그런 일이 벌어지지 않을까요?"

"아무것도 없는 데서 창조한다고 해서 정말 아무것도 없는 건 아닙니다. 불교에서 말하는 아무것도 없는 '전무'(全無)는 존재할 수 없지요. 서양 철학자 데카르트도 모든 인식을 부정했는데 모든 것이 없다고 하더라도 끝까지 '생각'만은 남아있기에 '나는 생각한다, 고로 존재한다'라는 명언을 남겼습니다.

하나님이 창조하실 때도 마찬가지입니다. 창세기 1장 2절에 '흑암'과 '깊음'이 나옵니다. 흑암이란 게 있고, 깊음이란 게 있는 거지요. 그것이 무엇인지 정확하게는 모릅니다. 흑암은 단순히 캄캄함을 의미하는 게 아닐 것입니다. 깊음도 마귀와 귀신들이 갇혀있던 무저갱처럼 단순한 물리적 의미를 갖는 게 아닐 거고요. 무질서, 절망, 혼돈 등의 상태였을 것입니다."

역사시대도 다 알지 못하고 선사시대도 까마득한데, 창조를 말하자니 막막했다. 그걸 듣고 있는 분들의 표정도 막막해 보였다.

"어떤 철학자가 '신은 단순한 존재가 아니다. 존재의 근원이다'라고 했답니다. 사람도 가만히 있지 않고 무언가를 만들고 관계를 형성하는데 '신'은 무한한 존재의 근원이 된다는 것이죠. 창세기는 창조의 과정을 역사책이나 과학책처럼 시시콜콜히 설명하는 게 아니라 그런 존재가 있음을 드러내는 책이라는 정도로 생각하면 되겠습니다."

다들 표정이 조금 좋아진 것처럼 보였다.

대화로 푸는 성경

'신'이란 존재

"다음엔 차례로 무엇을 창조하셨는지 내용이 나옵니다."

어차피 성경을 모르는 분들이라 더 구체적으로 말할 필요도 없고, 성경을 보면서 하는 게 아니라서 성경에서 확인할 수도 없기에 대충 설명하고 넘어가야 했다.

"첫째 날에 무엇을 만드셨고, 둘째 날에 무엇을 만드셨는지 외우지 않아도 구원과 전혀 상관없습니다. 그냥 참고로 들어주세요."

"그렇죠? 어차피 들어도 못 외워요. 하하~"

"첫째 날에 하나님은 빛을 만드셨습니다. 그 빛이 정확히 무엇을 말하는지 잘 모릅니다. 분명한 건 우리가 지금 보고 있는 전등 불빛이나 태양빛 같은 건 아닐 겁니다. 어떤 실체이기는 하지만 흑암에 대비되는 소망, 질서 같은 것을 의미하기도 합니다. 소설에 보면 '절망에 빠진 사람에게 희망의 빛이 비춰졌다'라는 표현을 쓰기도 하지요?"

막막한 표정이다가 소설의 표현을 예로 들었을 때 약간 '아하~' 하는 표정이 되었다.

"중요한 건 하나님이 이걸 말씀으로 만드셨다는 것입니다. 이건 신만 가질 수 있는 특권이에요. 사람은 무엇을 가지고 싶으면 그것을 갖기 위해 노력하며 시간을 들입니다. 그러다가 실패하기도 하지요. 하지만 신은 원하면 그냥 가집니다.

그래야 신입니다. 그렇지 못하면 신이 아니지요. 우리가 하나님은 전지전능하다고 합니다. 원하는데 그대로 되지 않으면 '전능'이 아닌 거예요."

"전능이 아니라고요?"

이 모임을 주선한 교회를 다니는 이의 말이다(그는 멀리 창원에서부터 한 시간 넘게 운전해서 왔다). 모든 것을 알고 모든 것을 할 수 있는 능력을 가졌다는 의미의 '전지전능'이란 단어가 당연히 하나님 앞에 붙이는 관용적 표현인 줄 알았는데 내가 '전능이 아닌 것'이라고 단어를 파괴해버리니 좀 의외였던 모양이다.

"하나님을 믿지 않아도 '신'이란 존재에 대해 철학적으로 공부를 아주 많이 한 사람들에게는 정리된 내용입니다. 보통 사람은 '어떻게 말로 무언가를 만들 수 있나'라고 생각하지만 그런 분들이 성경을 읽으면 오히려 '당연하다'라는 반응이 나옵니다. 왜냐면 그래야 신이니까요. 그런 사람들이 아주 공부를 많이 해서 받아들이는 걸 그렇게까지 공부를 많이 하지 않은 우리가 받아들이면 훨씬 이득입니다."

"그러네요. 하하~"

"둘째 날에는 하나님이 궁창을 만드셨습니다. 그냥 하늘이라고 생각하면 됩니다. 궁창 위의 물과 궁창 아래의 물을 만드셨다고 합니다. 궁창 아래의 물은 바다와 강물 같은데 궁

대화로 푸는 성경

창 위의 물은 무엇을 말하는지 정확히 잘 모릅니다. 아마 노아의 홍수와 관련이 있지 않을까 생각합니다.

셋째 날에는 땅과 식물을 만드셨습니다. 여기서 애매한 부분이 생기는데요. 해달별은 넷째 날에 만들어지거든요. 식물은 햇빛으로 광합성을 해야 하는데 식물이 살 수 있는 에너지원인 태양이 없어서 하나님이 '아차' 하시고 다음 날 얼른 태양을 만드셨을까요?"

"어, 그러네요. 태양보다 식물이 먼저 만들어졌네요."

"이단 중에는 이걸로 사람들을 미혹하는 경우가 있습니다. 질서의 하나님이 이렇게 하셨을 리가 없다는 거죠. 그러니 '이 식물은 진짜 식물이 아니라 특정 사람을 가리킨다'라고 합니다. 그래서 요한계시록의 감람나무까지 설을 풀고는 자기들의 교주가 감람나무이니 그 분을 믿어야 한다고 합니다."

"그래요?"

아직 그런 이단을 만나보지 못한 모양이었다. 나는 다시 본론으로 돌아왔다.

"그럼 셋째 날에 만들어진 식물은 어떻게 살았을까요? 첫째 날에 만들어진 빛이 있습니다. 그 빛은 태양빛이나 전등빛과 다르다고 했지요?"

"예."

"설명할 순 없지만 식물도 살게 할 수 있는 근원적 빛인 겁니다. 요한계시록을 보면 천국에 대한 설명 중에 태양이 없다는 것이 나옵니다. 하나님이 빛의 근원이 되시니까 따로 조명을 둘 필요가 없는 거죠. 그저 존재 자체가 빛이신 거예요. 단순히 밝음뿐 아니라 소망, 질서, 치유, 회복, 사랑 등 모든 것을 담고 있는 빛 자체지요. 그래서 셋째 날에 만들어진 식물이 넷째 날에 태양이 만들어지기 전에도 끄떡없이 살 수 있었던 겁니다. 또한 그런 면에서 창세기는 처음 창조에 대한 기록부터 마지막 요한계시록의 천국과 연결되어 있지요.

넷째 날에 해달별을 만드시고, 하나님이 일자와 사시와 징조와 연한을 이루라고 말씀하셨습니다. 해달별이 생기고 하루, 한 달, 일 년, 사계절이 생긴 겁니다. 그러면 의문이 생기지요. 넷째 날 전에 첫째 날, 둘째 날, 셋째 날은 어떻게 날짜 계산을 한 것일까요?"

신자인 분이 말했다.

"성경을 읽으면서 그런 생각을 해본 적이 없어요."

"일자와 연한이 넷째 날부터 만들어지는데 그 앞날들은 어떤 기준으로 날이 바뀌었다고 했을까 의문이 생기지 않나요?"

"듣고 보니 그러네요."

"해가 만들어지기 전이지만 빛과 어둠이 있었고, 저녁이 되고 아침이 되었다고 했습니다. 그것이 정확하게 무엇을 말하는지 모르지만 어떤 시기의 변환이 있었던 거죠. 그것이 지금처럼 24시간인지는 알 수 없습니다. 그렇다고 셋째 날까지는 수억 년의 시간이 하루였다가 넷째 날부터 갑자기 24시간이 하루라고 하기도 그렇고요. 이럴 땐 솔직하게 '잘 모르겠습니다'라고 하는 게 좋습니다. 이건 몰라도 구원과 상관이 없어요. 다섯째 날에 어류와 조류를 만드셨고, 여섯째 날에 짐승을 먼저 만드시고 마지막에 사람을 만드셨습니다. 그러니까 식물이 가장 선배이고 짐승이 사람보다 선배인 거죠."

"하하, 그런 셈이네요."

"하나님이 사람을 만드실 때 '우리의 형상을 따라 사람을 만들자'라고 하셨답니다. 성경에 하나님을 나타내는 단어는 '엘'입니다. 영화에 보면 외계인이나 신적 존재 이름에 종종 '엘'이 들어갑니다. 슈퍼맨도 이름에 '엘'이 들어가는데…."

한 분이 금방 검색을 하더니 "칼엘이네요"라고 했다.

"네, 사람 이름으로는 '클라크'지만 자기네 별 이름으로는 '칼엘'입니다. 슈퍼맨은 원래 지구에 살고 있던 원더우먼이나 배트맨과는 다른 외계인입니다. 영화 〈저스티스 리그〉를 보면 완전 신적 존재처럼 그려지잖아요. 그런데 성경에서는 단수 '엘'이 아니라 복수인 '엘로힘'이란 단어가 나옵니다. 하나님이 단일 신이 아니라 삼위일체임을 나타내고 있는 거지요. 이 신적 존재 양식은 아까 말했던 것처럼 우리가 완전히 이해할 수 없고 설명할 수도 없는 부분입니다.

1장에 사람이 만들어졌는데 2장에 다시 사람이 만들어지는 내용이 나옵니다. 이건 4복음서가 조금 다른 관점으로 기록된 것과 마찬가지예요. 1장은 인류 창조 기사이고 2장은 아담과 하와라는 특정 인물에 집중한 것이라 보면 됩니다.

오늘은 여기까지 하겠습니다. 질문이나 소감이 있으면 말씀해주세요."

"목사님, 저는 약속이 있어서 먼저 일어서겠습니다."

아이보리 코트를 입고 오신 분이 먼저 일어났다. 약속이 있음에도 성경공부에 참석해준 것이 고마웠다.

모임을 소개한 분이 말했다.

"창조에 대한 건 주일학교 노래도 있듯이 '몇째 날에 무엇을 만들었다'만 알고 있었는데 이렇게 들으니까 새롭네요."

"새로우셨다니 감사합니다."

비신자가 말을 이었다.

"사실 제가 모태신앙입니다. 가족들도 다 신자입니다. 어릴 때 엄마 따라 교회도 다녔고요."

"그러세요? 그런데 왜…."

"중학교 때부터 교회에 나가지 않았어요. 그리고 결혼하고 혼자 부산에 내려오면서 더 그렇게 된 거죠. 그런데 엄마도 계속 기도하시고, 매주 연락하는 대구 사는 친구도 날 위해 기도한다고 하는데… 목사님을 만나서 이렇게 성경을 배우니까 참 좋은 것 같아요."

"그러셨군요. 저도 그런 역할을 할 수 있어 감사합니다."

성경이 말하는
삶과 죽음 :
인간 창조

만남 6

그동안 사십 대 여성 성경공부 모임에 비신자 두 명과 이들을 소개한 집사 한 명이 참석했다(처음에 갑자기 이끌려서 온 분은 취직을 해서 세 번만 참석했다). 나까지 포함하면 네 명이었기에 서로에게 가까운 카페 한 곳에서 한 테이블을 차지하고 공부해왔다. 그런데 한 명이 늘었다.

아는 분의 소개로 최근 기독교로 개종하게 된 사십 대 여성이었다. 그 분은 이 모임에 대해 듣고 자신은 거의 비신자와 비슷한 수준이니 참석하고 싶다고 했다.

모두 백신 접종을 마친 사람들이지만 다섯 명이 카페에서 모이면 보기에도 그렇고, 모임 장소가 아직 준비되지 않았고, 연말이기도 해서 우리 집에서 모이기로 했다.

평소보다 30분 늦춰 오전 11시에 모이기로 했는데, 좀 늦었다. 우리 집이 있는 아파트 동이 통로가 하나밖에 없어 다른 아파트에 비해 동의 폭이 좁은 편이다. 안쪽에 위치한데다 앞 동과 옆이 붙어 보여서 사람들이 옆 동의 숫자만 확인하고 우리 동 숫자를 보지 못하는 경우가 많다. 그래서 바로 찾아온 사람이 없고, 다들 한 바퀴씩 더 돌다가 왔다고 했다.

아내가 "말씀 많이 들었습니다"라며 인사를 했다. 공부하기에는 식탁이 좋을 것 같아 식탁에 자리했다. 처음 보는 얼굴이 있어 소개했다. 내가 차례로 "여긴 OOO씨, 여긴 OOO씨"라며 이름을 소개했고, 서로 미소와 목례로 인사를 했다.

따뜻한 차를 한 잔씩 앞에 놓고 성경공부를 시작했다. 처음 온 분이 자기 앞에 성경책을 올려놨다. 성경공부라고 하니 성경책을 챙겨 온 것이다. 다른 사람들은 늘 하던 대로 내 얼굴과 내 앞에 놓인 백지만 쳐다봤다.

"성경공부이긴 한데 저희는 성경을 거의 보지 않고 주로 제가 이야기를 많이 합니다. 꼭 필요하면 성경을 찾아 확인하기는 하는데요, 편하게 하시면 좋겠습니다.

지난번 천지창조에 이어 오늘은 인간 창조를 공부하겠습니다. 천지창조의 마지막 날인 엿새까지 동물이 창조되고 가장 마지막에 인간이 창조되었다고 말했습니다.

동물과 인간의 재료는 같은 흙인데, 다만 인간은 하나님께서 마치 장인이 정성스레 도자기를 빚듯이 만드셨다고 했습니다. 그다음이 중요한데요. 하나님이 숨을 '후' 하고 불어넣으

　　　　　　　　　　　　　　　대화로 푸는 성경

셨습니다. 그래서 사람이 '생령'이 되었다고 했습니다. '생령'은 '살아있는 영혼'이란 의미인데, 좀 이상하죠? 영혼이 있다는 것 자체가 살아있다는 걸 말하는데 굳이 '생령'이라고, '살아있는 영혼'이라고 표현한 점이요."

나는 늘 하던 대로 설명했지만 처음 온 분은 성경을 한 절씩 읽고 찬찬히 설명하는 게 아니라서 익숙하지 않아 보였다.

"이건 성경의 아주 독특한 표현법인데요. 성경은 하나님과의 관계를 기준으로 '살았다'와 '죽었다'를 표현합니다. 하나님과 관계가 있으면 '살았다', 관계가 없으면 '죽었다'라고 표현하지요.

이런 예가 있습니다. 예수님이 어떤 사람에게 '나를 따라오라'라고 말씀하셨습니다. 그때 그가 '상을 당했으니 장례를 치르고 따르겠습니다'라고 대답하자 예수님이 아주 이상한 말씀을 하십니다. '장례는 죽은 사람들에게 맡기고 너는 나를 따르라'라고요.

이상하죠? 어떻게 죽은 사람이 장례를 치를 수 있습니까? 성경은 하나님과의 관계를 중심으로 '살았다' 또는 '죽었다'를 표현하기 때문입니다.

또 혹시 교회에서 어떤 분이 대표로 기도할 때 '죽었던 우리를 교회로 불러주셔서 감사합니다'라고 하는 것 들어보신 적 있으세요?"

"예."

"이상하잖아요? 죽었는데 어떻게 부르는 소리를 듣고 자기 발로 걸어 교회로 나오겠습니까? 처음 듣는 사람들은 이상하기도 하고 기분이 나쁠 수도 있는데, 하나님과 관계가 생기기 전에는 죽었다고 표현하는 성경의 표현 방식임을 이해해야 합니다.

성경에 의하면 사람은 처음 만들어질 때 하나님과의 관계를 전제로 만들어졌습니다. 하나님과 관계가 끊어지면 하나님이 사람을 만드실 때 그리셨던 모습이 아니게 되지요. 곧 타락한 인간의 모습이 됩니다.

그 타락한 인간을 가리켜 성경은 '죽은 영혼'이라고 하고, 예수님을 통해 하나님과의 관계가 회복된 사람은 '다시 생명을 얻었다' 즉 '중생했다'라고 표현합니다. 다시 생명을 얻게 된 걸 '구원받았다'라고 하고요."

신의 존재 양식을 닮은 인간

"하나님이 인간을 만드실 때 다른 피조물을 창조하실 때와는 다른 의논을 하십니다. '우리의 모양대로 사람을 만들자'라는 것입니다. 이때 '우리'가 히브리어로 '엘로힘'입니다. '엘로힘'은 복수형이고 단수는 '엘'입니다. '엘'은 신을 가리키는 단어입니다.

　　　　　　　　　　　　　　　　대화로 푸는 성경

그런데 사람을 만든 하나님이 단수 '엘'이 아니라 복수인 '엘로힘'이란 겁니다. 이것이 피조물인 사람으로서는 이해하기 어려운 신의 존재 양식입니다. 기독교에서는 '삼위일체'라고 하지요. 성부 하나님, 성자 하나님, 성령 하나님이 계시는데 그리스 로마 신화처럼 완전히 다른 존재로서 이름을 가지고 다른 일을 하고 다른 생각을 하고 등급이 다른 복수의 신이 아닙니다.

　지혜와 영광과 권능과 거룩과 존귀가 동등해서 '한 하나님'이라고 합니다. 이 하나님의 존재 양식은 어떤 존재도 흉내 낼 수 없습니다. 사람은 '인격'이라고 하는데 신은 '위'(位)라고 합니다. 세 위가 한 하나님입니다. 아주 독특한 이런 하나님의 모양대로 사람을 만드셨습니다. 바로 남자와 여자를 만드시고 그 '둘이 하나'라고 선언하신 것이죠. 동물도 수컷과 암컷이 있지만 동물은 둘이 하나가 아닙니다. 하나님은 사람에 대해서만 그런 말씀을 하셨습니다.
　우주의 신비라고 할 수 있는 하나님의 독특한 존재 양식을 사람에게도 허락하셨습니다. 소위 사람보다 뛰어난 능력을 가지고 있는 천사나 타락한 천사인 귀신에게도 없는 것이지요. 하나님이 사람을 얼마나 특별한 존재로 만드셨는지 짐작할 수 있습니다."
　하나님이 인간을 창조하셨다는 이야기를 하는데 하나님의

존재 양식을 더 많이 이야기했다. 그래서 듣는 이들이 단번에 이해하지는 못했을지라도 인간의 존재 자체가 얼마나 존귀한지 받아들이는 것 같았다.

"그런데 창세기 2장 가장 마지막에 보면 '이러므로 남자가 부모를 떠나 그의 아내와 합하여…'라는 구절이 있습니다."

다른 분들은 늘 그렇듯 나만 쳐다보고 있는데, 처음 온 분은 얼른 갖고 온 성경을 찾아 확인했다.

"좀 이상하지 않나요? 아담이 첫 사람인데 부모를 떠나라고 하니까요. 이 구절을 갖고 '아담이 첫 사람이 아니다. 아담에게도 부모가 있다'라고 주장하는 사람들도 있습니다.

창세기를 기록한 것은 한참 뒤의 사람인 모세입니다. 모세가 사람이 그런 존재로 지음 받은 것을 알고 하나님의 영감으로 그 시대와 이후 사람들을 위해 적용점을 기록한 것입니다.

이렇게 창조된 남자와 여자의 관계를 타락한 인간이 오해한 것이 역사적으로 오래된 남존여비 사상이나 현대에 들어와 부상한 페미니즘입니다.

원래 하나로 지어졌는데 어느 쪽이 더 우월하다는 생각 자체가 그 하나 됨을 깨뜨리는 것이죠. 그러면 정상적인 관계를 시작할 수도, 지속할 수도 없습니다. 한 몸에서 서로가 더 잘났다고 주장하는 건 서로를 망가뜨리고 결국 자신을 망가뜨리는 일입니다."

　　　　　　　　　　　　　　　　대화로 푸는 성경

"그렇게 지어진 인간을 하나님은 에덴동산에 두셨습니다. 에덴동산의 크기가 얼마나 될까요?"

'에덴동산'은 들어봤지만 그 크기가 어느 정도였을지는 전혀 생각해보지 않은 얼굴들이었다.

"글쎄요."

"남의 집이라 별로 관심이 없으시군요."

"하하~ 그런가 보네요."

"에버랜드 정도 될까요?"

다들 청년 때 갔든 자녀들을 데리고 갔든 에버랜드를 가보았는지 대충 그 정도로 짐작한 모양이다.

"에버랜드는 구석구석 돌아다니기가 피곤할 정도로 넓지요. 하지만 에덴동산이 그 정도일까요? 아닙니다. 에덴동산은 큰 나라만큼이나 넓었습니다. 하나님이 지으신 짐승들이 다 모이긴 했지만 우리에 가두는 것이 아니라 자기의 생태를 불편함 없이 해야 하니까요. 그러니 엄청 넓었겠죠."

다들 '그래야 하겠구나'라는 얼굴로 고개를 끄덕였다.

"하나님은 창조한 인간을 에덴동산에 두시고는 그들에게 관리하도록 하셨습니다. 짐승들 이름도 짓게 하셨고요.

오늘날 다들 '노동'을 힘들어하고 '노동'을 천하게 여기고

'노동'을 하지 않으려 합니다. 하지만 '노동'은 인간이 타락한 형벌로 받은 것이 아닙니다. 인간은 처음부터 일하는 존재로 창조되었지요.

예수님이 '하나님은 일하시는 분이니 나도 일한다'라고 말씀하시기도 했습니다. 그러므로 잘못된 사회적 분위기 속에서 사람들이 놀고먹는 걸 좋아하고, 또 건물주가 되는 게 꿈인 아이들도 많지만 정작 그렇게 살면 인간 본성이 상합니다. 길어야 한두 해 놀고먹으면 견딜 수 없을 겁니다. 인간은 일하면서 보람도 느끼고 자기 계발도 되는 걸 본능적으로 알기 때문입니다.

성경을 보면 마치 아담과 하와가 에덴동산에 가자마자 가운데로 달려가서 선악과를 따먹은 것처럼 사건 전개가 빠르지만 실은 그렇지 않습니다. 아담과 하와가 일하기 귀찮아 짐승들의 이름을 마구 지은 것이 아니라 생태를 하나하나 관찰하고 의미를 부여하며 각각의 이름을 지었을 테니까요. 그래야 보람도 있었겠지요.

얼마나 긴 세월을 보냈는지는 알 수 없습니다. 다만 에덴동산에 들어가자마자 타락한 비극이 일어난 게 아니라는 것입니다. 하루의 일을 마치고 하나님과 대화하기도 하고, 일주일의 일을 마치고 하나님과 안식하는 시간을 가졌을 것입니다. 상상만 해도 설레고 부러운 일이지요.

대화로 푸는 성경

이처럼 하나님이 사람을 창조하시되 하나님을 닮아 아주 독특한 존재 양식으로, 또 일하도록 지으셨습니다."

하나님이 사람을 창조하셨다는 것이 기독교가 말하는 내용인 것을 다들 알고 있다. 그러나 그것은 사건 중심이다. 핵심은 '하나님이 사람을 어떤 존재로 지으셨는가'이다.

"사람을 지으신 분이야말로 사람이 어떻게 살아가야 하는지를 가장 잘 아십니다. 우리의 모든 것을 하나님을 통해 비춰보는 것이 가장 정확하지요. 내가 나를 잘 모릅니다. 내가 기준이 될 수 없고 나 자신을 잘 모르는데 남을 어떻게 잘 이해할 수 있겠습니까?

그래서 하나님을 통해 나 자신을 보고, 남을 보고, 관계를 보아야 합니다. 그러면 일단 나 자신이 하나님 모양을 닮은 귀한 존재임을 깨닫게 됩니다. 그리고 나뿐 아니라 다른 사람도 그런 시각으로 보게 됩니다. 심지어 나와 잘 맞지 않는 사람이라 할지라도 '저 사람도 하나님의 모양으로 창조된 귀한 존재구나'라고 인정할 수밖에 없지요. 진정한 인간 존중이 가능해집니다.

예수님도 '네 이웃을 네 몸과 같이 사랑하라' 하셨습니다. 그러니 우리도 먼저 하나님의 모양대로 지음 받은 자신을 존중하고 역시 하나님의 모양대로 지음 받은 다른 사람도 존중하며 삽시다. 오늘은 여기까지 하겠습니다."

처음 모임에 참석하신 이에게 질문했다.

"어떠셨어요?"

"교회에 다니면서 실은 잘 모르는 부분이 많았지만 물어도 되는 내용인지, 누구에게 물어야 할지 몰라서 곤란했는데, 이렇게 들으니까 좋네요. 계속 모임에 나오고 싶습니다."

"도움이 되셨다니 좋습니다. 그렇게 봐주셔서 감사합니다."

대화로 푸는 성경

뱀은 뱀일 뿐 :
인간 타락

만남 7

그동안 준비한 '낮은울타리'에서 처음으로 공부하는 날이다. 낮은울타리는 보통 예배당이나 교회의 교육관 같은 모습이 아니라 이웃집 같은 분위기다. 모임을 하는 사람들이 비신자이기에 기독교 색채가 짙지 않아 부담 없이 모여 이야기할 수 있는 공간으로 만들고 싶어서 아파트를 얻었다.

모이기 1시간 반 전에 가서 미리 준비를 했다. 패드와 모니터를 HDMI로 연결해서 잘 나오는지 점검했다. 55인치 큰 모니터에 내 앞에 놓인 패드와 같은 내용이 큼지막하게 나오자 나는 무슨 큰일을 성공한 듯 기뻤다.

시간이 되자 현관문을 두드리는 소리가 들렸다. 아차, 초인종이 안 된다는 걸 깜빡했다. 문을 열었더니 둘이 함께 들어왔다.

"초인종이 안 돼요."

"그걸 알려드렸어야 했는데 깜빡했네요. 잘 두드리셨습니다."

둘은 별로 크지 않은 공간을 한눈에 둘러보며 말했다.

"목사님, 잘 꾸며놓으셨네요. 정말 애쓰셨어요."

구경을 마치고 커피를 한 잔씩 들고 거실 소파에 앉아 환담을 나누다가 공부방으로 자리를 옮겼다.

"오늘은 모니터를 보면서 공부를 하겠습니다. 잠깐만요."

리모컨으로 모니터를 켜자 창세기 3장 본문이 나왔다.

"우와!"

다들 탄성을 냈다. 까맣던 화면이 환한 흰색으로 변하고 거기에 까만 글씨가 보이자 순간 '시내산에서 하나님이 두 돌판을 만드시는 걸 본 모세가 이런 느낌이었을까?'라는 혼자만의 생각을 했다.

그 말씀이 이스라엘 백성에게 하나님의 말씀으로 전달된 것처럼 모니터에 보이는 말씀도 같이 공부하는 분들에게 생생하게 전달되었으면 좋겠다는 소원이 생겼다.

"인간 타락에 대한 내용인데 창세기 3장에 나옵니다. 지난번에 하나님이 사람을 남자와 여자로 창조하시고 에덴동산에 두셨다고 말한 것 기억하세요?"

본문을 조금 올려 창세기 2장의 뒷부분을 보여줬다.

"예."

다들 내 질문에 대답을 했지만 눈은 성경 말씀이 보이는 모니터를 향해 있었다. 내가 패드 펜슬로 밑줄을 그으며 1절 앞

부분을 읽었다. 모두가 바라보는 모니터에 내가 긋는 대로 붉은 줄이 나왔다가 이내 사라졌다.

"'뱀은 여호와 하나님이 지으신 들짐승 중에 가장 간교하니라.' 혹시 뱀 좋아하세요?"

첫 구절에 뱀이 나오긴 하지만 뱀을 좋아하냐는 목사의 뜬금없는 질문에 좀 놀란 눈치였다.

"아니요."

"간혹 뱀을 애완용으로 키우는 사람도 있어서요. 보통 뱀을 징그럽게 여기고 싫어하죠. 그런데 고대에는 뱀이 지혜와 장수의 상징이었다고 합니다. 혹시 서양의 유명한 의대 마크 같은 것을 보면 십자가와 함께 나오는 짐승이 있는데 보신 적 있으세요?"

"뱀이 칭칭 감고 있어요."

"맞습니다. 고대 로마의 유적에도 바로 그런 표시가 나옵니다. 이집트의 파라오 왕관에도 있고요. 고대인들이 왜 그렇게 생각하게 됐는지는 모르지만 그렇다고 합니다. 그런데 이 뱀이 사단의 도구가 되었습니다. 그렇다고 뱀 자체를 사단처럼 여기고 혐오할 필요는 없습니다. 뱀은 뱀일 뿐입니다.

개를 좋아하는 사람도 있고 무서워하고 싫어하는 사람도 있습니다. 혹시 뱀을 기르는 사람을 만나더라도 사단을 좋아하는 사람처럼 생각하시면 안 됩니다.

자, 사단의 도구가 된 뱀이 여자에게 다가갔습니다."

내가 만약 에덴동산에 있었다면?

"사단이 괴물 같고 흉측한 모습이었으면 여자가 도망을 가거나 아담에게 도움을 청했을 것입니다. 사단은 간교해서 사람에게 거부감 없는 모습으로 다가옵니다. 그건 지금도 마찬가지지요. 무장 해제한 여인에게 사단이 묻습니다. 자, 화면을 보세요."

창세기 3장 1절을 화면에 띄웠다.

"1절 뒷부분을 같이 읽어주시겠어요?"

"뱀이 여자에게 물어 이르되 하나님이 참으로 너희에게 동산 모든 나무의 열매를 먹지 말라 하시더냐."

"하나님이 에덴동산의 모든 나무의 열매를 먹지 말라고 하셨나요?"

"아닌 것 같은데요."

"확인해보겠습니다."

화면을 올려 창세기 2장으로 갔다.

"16절과 17절을 읽어주세요."

"여호와 하나님이 그 사람에게 명하여 이르시되 동산 각종 나무의 열매는 네가 임의로 먹되 선악을 알게 하는 나무의 열매는 먹지 말라 네가 먹는 날에는 반드시 죽으리라 하시니라."

"잘 읽으셨습니다. 하나님이 모든 나무의 열매를 먹지 말라고 하셨나요?"

"아니요, 먹으라고 하셨는데요."

"여기서 '임의로'는 '마음대로'란 의미입니다. 하나님은 사람에게 에덴동산의 모든 나무의 열매를 '마음대로' 먹으라고 하셨습니다. 다만 선악을 알게 하는 나무의 열매만 먹지 말라고 하셨지요. 그걸 사단이 배배 꼬아서 질문한 것입니다.

학창 시절에 선생님이 시험에 '틀린 것이 아닌 것이 아닌 것은?'이라고 문제를 낸 것과 마찬가지입니다. 학생이 맞추라고 낸 문제가 아니지요. 사단도 하나님이 정말 뭐라고 하셨는지 궁금해서 묻는 게 아니라 여인의 마음을 흔들기 위해 배배 꼬아서 물은 것입니다.

우리 아이들이 시험 볼 때 지문을 정확하게 알고 있어야 틀리지 않는데 대충 알고 있으면 보기를 볼 때 이것도 맞는 것 같고 저것도 맞는 것 같아 헷갈리게 되죠. 지금 여인이 그런 상황입니다.

여기서 먼저 짚고 넘어가야 할 문제가 있습니다. 하나님은 사람에게 에덴동산의 모든 나무의 열매를 먹게 하셨으면 선악과를 만들지 말고 사람이 타락 없이 행복하게 살게 하시지 왜 선악과를 만들어서 곤란한 문제를 만드셨을까요?"

"그러게 말이에요. 어쩌다 그런 생각을 한 적이 있어요. 하나님이 선악과를 괜히 만드셔서 우리가 고생한다고요."

"아마 선악과 이야기를 아는 사람들은 모두 그런 생각을 했을 것 같아요. 선악과에 대해서는 몇 가지 생각할 문제가 있습니다. 먼저 선악을 알게 하는 나무의 열매가 무엇일까 생각해봅시다. 선악과는 무슨 과일이라고 생각하세요?"

"사과요."

"복숭아요."

"성화에 보면 아담이나 하와가 사과처럼 보이는 과일을 들고 있기도 하죠. 사과를 먹으면 사람이 똑똑해질까요?"

"아니요."

"그건 복숭아도 마찬가지입니다. 선악을 알게 하는 나무의 열매는 그 열매 자체가 절대 선과 절대 악을 알게 하는 탁월하고 독특한 지식을 공급할 수 있는 특수한 열매가 아니라는 겁니다. 문제의 핵심은 하나님이 정하신 선과 악의 기준을 따르지 않고 내가 선과 악의 기준을 설정하고 싶다는 인간의 욕심입니다.

지금 여기 몇 명이 한자리에 앉아있지만 선과 악의 기준은 똑같지 않을 겁니다. 어떤 사건이 있을 때 누구는 '그럴 수도 있지'라고 생각하고, 다른 사람은 '그럴 수는 없지'라고 생각하는 거죠. 그건 선과 악의 기준이 다른 겁니다. 그러면 자신이 갖고 있는 기준이 옳다는 걸 증명하기 위해 논쟁을 하기도 하고 심각한 경우 힘겨루기를 하기도 하겠죠.

하나님은 인간이 피조물로서 창조주인 하나님이 정하신 선악의 기준 아래 있기를 원하셨습니다. 이성적 존재인 인간으로서는 선악과를 보면서 자신 위에 이 모든 질서를 만드신 창조주 하나님이 계심을 기억해야 했고요. 그런 의미에서 하나님은 평범한 나무를 가리켜 이건 손대지 말라 말씀하신 겁니다. 혹시 디즈니 애니메이션 〈이집트 왕자〉를 아세요?"

"예, 봤어요."

"1탄은 모세 이야기인데, 2탄은 요셉 이야기입니다. 요셉은 이집트에 노예로 잡혀갔는데 지혜와 성실함으로 주인 가정의 모든 것을 관장하는 총무 노예가 됩니다. 그때 주인이 요셉에게 '이 집의 모든 것은 네 마음대로 해라. 하지만 내 아내만은 손대지 말라'라고 말해요. 주인의 아내에게 손을 대는 건 주인의 자리를 넘보는 것이고, 노예와 주인 사이에 넘지 말아야할 선을 넘는 것입니다. 하나님이 에덴동산에 선악과를 두시고 사람에게 금하신 것을 그런 의미로 생각하면 좋겠습니다."

"목사님, 만약 아담과 하와가 선악과를 먹지 않았으면 우리가 아직도 에덴동산에서 살고 있었을까요?"

"사람들은 다 똑같은 것 같아요. 저도 그런 생각을 했거든요. 특히 학창시절에요. 아담 할아버지와 하와 할머니가 하나님이 먹지 말라고 한 선악과를 먹지 않았다면 힘들게 학교 갈 필요도 없고, 시험을 칠 필요도 없고, 경쟁하고 싸우는 일도 없을 테니까요. 그러면 우리가 지금까지 에덴동산에서 행복하게 살 텐데요."

"맞아요."

"만약 인간이 지금까지 에덴동산에서 살고 있었다면 그럼 우리는 무엇을 하고 있을까를 생각해보신 적 있나요?"

"그 생각은 안 해봤는데요."

"저는 만약 지금까지 에덴동산에 있으면 선악과 옆에서 '하나님이 이걸 왜 먹지 말라고 하셨을까? 그렇게 해롭게 보이지도 않는데'라며 밤낮 선악과를 묵상하고 있을 것 같아요."

"어, 정말 그러네요. 저도 그럴 것 같아요."

"그러면 그 순간을 놓치지 않고 뱀이 뭐라고 하겠지요."

"그렇겠네요."

"지금 우리 모두가 각자 선악의 기준을 갖고 있잖아요. 우리 모두가 잠재적인 아담과 하와라는 증거입니다."

"그러네요."

"실은 우리도 아담과 하와의 위치에 있었다면 언젠가는 똑같이 할 거면서 절대 그러지 않을 것처럼 아담과 하와를 원망하고 있죠. 이것 또한 사단의 술책일 것입니다.

선악과를 먹은 아담과 하와는 사실 우리의 본성과 실체를 아주 잘 드러내는 대표입니다. 하나님을 믿는다는 건 선악의 기준을 내가 잡는 것이 아니라 창조주인 하나님께로 돌려 드리고 나는 피조물의 자리로 돌아가 하나님이 정하신 기준에 순종하겠다는 의미를 담고 있습니다."

대화로 푸는 성경

"하나님은 분명 '네가 먹는 날에는 반드시 죽으리라'라고 말씀하셨지요?"

"예."

"뱀의 질문을 받은 여인은 뭐라고 대답했을까요?"

창세기 3장 3절을 화면에 띄웠다. 모두가 소리를 맞춰 읽었다.

"너희가 죽을까 하노라."

"하나님은 반드시 죽을 것이라 말씀하셨는데, 여인은 잘못하면 죽을 수도 있는 가능성이 있는 것처럼 대답했습니다. 자기가 인식한 대로 말한 거죠. TV 예능 프로그램에 보면 한 사람에게 어떤 단어나 문장을 말하게 하고 정확하게 전달하는 게임을 합니다. 처음엔 '동서남북'으로 시작했는데 마지막엔 '동문서답'으로 대답하기도 하죠. 시청자는 웃지만 이는 제대로 듣고 말하는 것에 인간이 얼마나 연약한지를 잘 나타냅니다."

"하나님이 에덴동산에서 선악과를 먹지 말라고 분명히 말씀하셨지요?"

"예."

"하나님이 누구에게 말씀하셨을까요? 아담과 하와일까요, 아담일까요?"

"그렇게 질문하니 모르겠네요."
창세기 2장을 화면에 띄웠다.

여호와 하나님이 그 사람을 이끌어 에덴 동산에 두어 그것을 경작하며 지키게 하시고 여호와 하나님이 그 사람에게 명하여 이르시되 동산 각종 나무의 열매는 네가 임의로 먹되 선악을 알게 하는 나무의 열매는 먹지 말라 네가 먹는 날에는 반드시 죽으리라 하시니라 여호와 하나님이 이르시되 사람이 혼자 사는 것이 좋지 아니하니 내가 그를 위하여 돕는 배필을 지으리라 하시니라 **창 2:15-18**

"하나님이 먼저 아담에게 에덴동산을 지키게 하시면서 선악과를 먹지 말라는 명령을 하십니다. 그리고 나중에 배필인 여인을 만드셨습니다. 그렇다면 여인은 직접 하나님으로부터 명령을 들은 게 아니라 남편을 통해 전해 들었을 것입니다.

남편인 아담은 '먹으면 반드시 죽는다'라고 했는데, 아내인 여인이 '먹으면 죽을 수도 있다'라고 접수했을 수도 있고, 아담이 처음부터 '먹으면 죽을 수도 있대'라고 잘못 전해서 그대로 받아들였을 수도 있습니다.

성경에 보면 하나님은 대부분의 경우 어떤 사람에게 말씀을 주시고 그걸 전하라고 하십니다. 하나님이 모든 백성 앞에 나타나서 '너희는 내 말을 들으라'라고 하신 적이 거의 없습니다. 그러니 전하는 자는 정확하게 듣고 잘 전해야 하고, 듣는

대화로 푸는 성경

자는 잘 듣고 행해야 합니다."

"목사님의 책임이 무거운 거네요."

갑자기 불똥이 내게 튀었다.

"그렇죠. 정확하게 잘 들어야 하기도 하고, 그대로 잘 전하기도 해야 하니까요. 그래도 옛날 선지자들보다는 낫습니다. 지금은 성경이 있으니까요."

"여인이 뱀으로부터 선악과에 대한 획기적인 이야기를 들었습니다. 그렇다면 어떻게 처신해야 할까요?"

"남편에게 가서 의논해야죠."

"정답입니다. 여러분은 실생활에서 그렇게 하세요?"

"하는 것도 있고, 아닌 것도 있고…."

"뱀으로부터 들은 이야기가 남편에게서 들은 하나님의 말씀과 상반되는 내용이니 그를 찾아가 의논하면 좋았을 텐데 여인은 그러지 않았습니다. 뱀은 혼자 있는 여인에게 접근했고, 유혹했고, 흔들리는 여인을 보며 계속 부추겼을 것입니다.

여인은 먼저 선악과를 유심히 쳐다봤습니다. '먹음직도 하고 보암직도 하고 지혜롭게 할 만큼 탐스럽기도' 했답니다. 우리가 홈쇼핑 채널을 자주 보면 무슨 일이 생길까요?"

"다음에 TV를 켤 때 카드를 옆에 둬요."

"결국 사게 돼요."

"마찬가지입니다. 하나님이 먹으라고 한 과일들은 맛이 없어 보이는데 선악과만 먹음직하고 탐스러워서 유혹을 이기지 못한 게 아닙니다. 선악과만 보고 있으니 문제가 생긴 거지요. 그래서 보는 걸 조심하고 삼가야 합니다."

"맞아요, 그런 것 같아요."

"여인은 먼저 선악과를 먹은 후 남편에게도 줬습니다. 여인이 선악과를 건넸을 때 남편은 깜짝 놀랐을 것입니다. 부부 사이에 일어난 일은 알 수 없습니다. 다만 아담이 그걸 받아 먹었다는 것만 성경이 기록하고 있습니다.

밀턴은 그의 작품 《실락원》에서 상상력을 동원하여 그 장면을 묘사했습니다. 아담은 질책하고 아내는 웁니다. 그러나 결국 아담도 선악과를 먹고 맙니다. 여인은 뱀의 유혹에 넘어가고, 아담은 여인의 눈물에 넘어갔지요. 이건 지금도 마찬가지인 것 같습니다."

"맞아요. 하하~"

"여인은 유혹에 넘어갔지만 아담은 아내를 위해 자신의 의지로 먹은 거죠. 남편들 잘 위해주세요."

"예, 그래야겠어요."

"전에 말씀드렸지만, 우리도 그 자리에 있었다면 그랬을 것입니다. 아담은 처음 인간으로서 인간의 대표로 그 일을 한 것입니다. 그래서 그 영향이 모든 인간에게 미치게 된 거지요.

그들은 눈이 밝아져 벗은 것을 깨달았다고 했습니다. 그럼

대화로 푸는 성경

전에는 알몸인 걸 몰랐나요? 자기 몸을 전혀 쳐다본 적이 없었을까요? 서로의 몸을 본 적이 없었을까요? 그들의 몸은 예전과 똑같았지만 한 가지 달라진 것이 있었습니다. 하나님과의 관계입니다. 하나님의 명령을 어기고, 선을 넘고, 하나님과의 관계가 망가지자 그들 속에 두려움과 수치심이 생겼습니다. 자기를 가리고 싶었습니다. 그들은 나뭇잎으로 치마를 만들어 입었습니다. 인류 최초의 옷은 치마입니다."

핑계와 변명

"남자와 여자가 선악과를 먹은 후 주목할 일이 있습니다. 사람이 선악과를 먹으면 어떻게 된다고 했지요?"

"죽어요."

"그래서 사람이 죽었습니까?"

"아니요."

"그럼 하나님이 '반드시 죽으리라' 말씀하신 건 잘못된 것일까요? 그냥 먹지 말라고 엄포를 놓으신 걸까요?"

"글쎄요."

"사람이 죽고 사는 중요한 문제인데 남의 일이라 관심이 없으시네요."

"저희가 좀 그래요. 하하~"

"하나님이 분명히 죽는다고 했는데 여전히 살아있으니 뭔가 문제가 있는 것 아니겠습니까?"

"그러네요."

"성경에서 말하는 죽음은 '단절'입니다. 영혼이 육신을 떠나는 것이 사람의 죽음이죠. 영혼과 육신의 단절이 죽음입니다. 그 육신의 죽음이 찾아오기 전에 먼저 영혼의 죽음이 찾아왔습니다. 바로 하나님과의 단절입니다. 사람이 선악과를 먹기 전에는 하나님을 가까이하면서 친밀한 관계를 맺고 그분을 통해 안식을 누렸는데, 선악과를 먹고 관계가 단절된 거예요.

그래서 하나님을 두려워하고 거부했지요. 아예 하나님의 존재를 무시하고 싶은 겁니다. 성경은 이런 상태를 '영혼이 죽었다'라고 말합니다. 영혼은 불멸의 존재니까 죽어 없어지지 않습니다. 영혼이 죽었다는 건 하나님과 관계가 없는 영혼의 상태를 말하지요. 지금 아담과 하와가 그런 상태가 되었습니다. 만약 우리 아이들이 부모님 말씀을 어기거나 잘못을 하면 어떤가요? 여러분이 집에 딱 들어가면 아이들이 어떻게 반응할까요?"

"눈을 마주치지 못하겠죠."

"아담과 하와가 지금 그런 상태입니다."

"드디어 하나님이 에덴동산에 나타나셨습니다. 하나님이 어떤 모습을 하고 나타나셨는지는 알 수 없습니다. 성경은 남자와 여자가 하나님의 소리를 들었고, 이들이 하나님을 피해 에덴동산 나무 사이에 숨었다고 했습니다.

전에는 아담이 '하나님' 하면서 나왔는데 그가 보이지 않으니 하나님이 '아담아, 네가 어디 있느냐?' 하고 부르셨다고 합니다. 하나님이 지금 아담이 어디 있는지 정말 몰라서 물으시는 것일까요?"

"아니요, 아시겠죠."

"특히 아이들이 어릴 때 사고를 치면 부모님이 집에 딱 들어왔을 때 아이들의 언행이 좀 어색한 걸 느낄 수 있지 않습니까?"

"그럼요, 딱 보면 다 알죠."

"아이들의 잘못이 보이면 '또 엄마 말을 안 듣고 사고 쳤어?' 하며 다그치세요, 아니면 스스로 고백하길 기다리나요?"

"아이들이 이야기해주면 좋죠."

"하나님도 마찬가지입니다. 무엇을 잘못했는지, 어디에 숨었는지 다 아시지만 '선악과 먹고 숨으면 내가 모를 줄 알아, 이 천벌을 받을 놈아'라고 하지 않으시고, '아담아, 네가 어디 있느냐?'라고 하신 건 아담과 하와에게 기대하는 바가 있기 때문입니다.

사람을 대하는 태도를 통해 하나님에 대해 알 수 있는 것이 있습니다. 하나님이 부모의 마음을 갖고 계시다는 겁니다. 아이를 키워본 부모라면 더 쉽게 느낄 수 있습니다. 이 장면을 우리는 주로 인간의 입장에서 보고 아담과 하와의 위기에 집중하게 되는데 하나님의 입장에서도 볼 필요가 있습니다.

하나님이 아담에게 먼저 물으십니다. '먹지 말라 명한 그 나무 열매를 먹었느냐?' 그 나무의 효능은 사실 중요하지 않습니다. 선악을 알게 하든, 하늘을 날 수 있게 하든 말이죠. 핵심은 하나님이 먹지 말라 하신 것을 먹은 것입니다.

자, 만약 아이들이 잘못해서 그걸 부모 입장에서 지적할 때 부모가 기대하는 아이들의 행동은 무엇입니까?"

"용서를 구하는 거죠."

"아까 하나님도 아버지의 마음이라고 했지요. 그럼 하나님이 기대하시는 게 뭘까요?"

"용서를 구하는 거요."

"맞습니다. 그런데 아담이 뭐라고 대답했는지 12절을 읽어주세요."

"아담이 이르되 하나님이 주셔서 나와 함께 있게 하신 여자 그가 그 나무 열매를 내게 주므로 내가 먹었나이다."

"마지막에 있는 '내가 먹었나이다'만 하고 '잘못했습니다, 용서해주세요' 하면 좋았을 것입니다. 그런데 '내가 먹었나이다' 앞의 내용은 모두 아담의 변명입니다. 게다가 그 내용이 가관입니다. 어쩌다 보니 먹게 되었다는 소박한 변명이 아닙니다. 먼저는 여자에게 책임을 돌립니다. 여자가 줘서 먹었답니다. 남자가 사나이답게 '제가 잘못했습니다. 모든 책임은 남편인 제게 있습니다'라고 해야 하지 않겠습니까? 그런데 치사하게 여자가 줘서 먹었답니다. 하와의 기분이 어땠을까요?"

"'내가 이런 놈을 믿었다니' 했겠죠."

"부부 사이가 확 갈라지는 소리가 났을 것 같습니다. 그런데 아담은 여기에 그치지 않고 하나님이 그 여자를 주셨다고 합니다. 자기가 잘못했다는 이야기는 한마디도 없습니다. 자기가 하나님의 명령을 어긴 궁극의 책임을 누구에게 돌리는 것입니까?"

"하나님요."

"아담의 핑계와 변명을 들은 하나님 기분이 어떠셨을까요?"

"정말 안 좋았을 것 같아요."

"네, 그런데 하나님은 아담에게 더 이상 아무 말씀도 하지 않으시고, 여인에게 '너는 왜 그랬냐?'라고 하십니다. 여인은 뭐라고 대답했는지 13절 뒷부분을 보십시오."

"뱀이 나를 꾀므로 내가 먹었나이다."

"여인을 유혹한 뱀은 누가 만들었나요?"

"하나님요."

"결국 여인은 누구에게 책임을 돌리고 있는 것입니까?"

"하나님이네요."

"예, '잘못했습니다' 하는 사람은 없고, 전부 하나님께만 책임을 돌립니다. 이것이 타락한 인간의 본성입니다. 안 좋은 일이 생기면 모두 다른 사람 책임으로 돌리고, 궁극적으로는 믿지도 않는 하나님 책임으로 돌립니다. '하나님이 진짜 계시면 어떻게 이런 재앙이 일어날 수 있느냐?'라면서 말이죠. 예나 지금이나 하나님은 변명이 없으십니다."

사망 선고에 붙여진 구원 약속

"하나님은 남자와 여자에게 각각 하나님의 명령을 어기고 선악과를 먹은 이유를 물으셨습니다. 그런데 뱀에게는 질문하지 않으시고 바로 저주하셨습니다. 14절에 보면 하나님이 뱀을 향해 '네가 모든 가축과 들의 모든 짐승보다 더욱 저주를 받아'라고 하신 걸로 봐서 인간의 타락을 통해 모든 가축과 짐승에게도 저주가 임한 것을 알 수 있습니다."

"그럼 뱀이 저주를 받기 전에는 배로 다니지 않았나요?"

"뱀이 저주받기 전 상태를 본 적도 없고 그와 관련된 기록도 없으니 그건 알 수 없습니다. 게다가 배로 물이든 땅이든 미끄러지듯 잘도 다니는 걸 볼 때 저게 저주받은 게 맞는 건가 싶기도 합니다. 14절 마지막에 '흙을 먹을지니라' 했는데, 지금 뱀이 흙을 먹는 건 아니니까 정확히는 알 수 없지만 저주의 표현으로 받아들이는 게 좋을 것 같습니다."

"성경을 다 아시는 건 아니군요."

"목사라고 어찌 다 알겠습니까. 하지만 중요한 것은 확실히 압니다. 바로 다음에 이어지는 내용입니다."

"15절이 아주 중요한데요. 읽어주시겠어요?"

"내가 너로 여자와 원수가 되게 하고 네 후손도 여자의 후손과 원수가 되게 하리니 여자의 후손은 네 머리를 상하게 할 것이요 너는 그의 발꿈치를 상하게 할 것이니라 하시고."

"하나님이 뱀에게 여자와 원수가 되게 하신대요. 뱀 좋아하시는 분 없죠?"

"아휴, 징그럽죠."

"싫어요."

"남자도 뱀은 싫어하지만 여자분들이 더 싫어하는 것 같습니다. 어릴 때는 가끔 동네에서 작은 뱀을 봤는데 여자아이들은 비명을 지르며 도망가지만, 남자아이들은 뱀을 때려잡겠다고 막대기를 집어 들고 쫓아갔던 기억이 있습니다. 정말 중요한 것은 바로 그다음 '여자의 후손'이란 표현입니다.

모든 사람은 남자의 후손입니다. 우리가 보통 부정모혈(父精母血)로 태어났다고 하죠. 사람은 남자와 여자 사이에서 태어납니다. 그런데 역사상 '여자의 후손'이 단 한 명 있습니다. 동정녀 마리아에게서 나신 예수님입니다. 이 여자의 후손은 예수님을 가리키지요. 여자의 후손이 사단의 머리를 상하게 한다는 것은 예수님이 사단의 권세를 무너뜨리고 사람을 구원하신다는 예언입니다.

창세기는 예수님의 구원을 약속하고 있습니다. 그래서 창세기 3장 15절을 '원시복음'이라고 합니다. 복음의 원조라는 말이지요."

"복음에도 원조가 있네요."

"예, 성경에서 구원자에 관해 처음 말하고 있으니까 원조지요. '하나님이 세상을 이처럼 사랑하사'라는 요한복음 3장 16절 들어보셨죠?"

"예, 알죠."

"그 말씀도 중요하지만 번지수가 비슷한 창세기 3장 15절도 중요합니다. 이 번지수를 기억하면 좋겠습니다. 한번 따라 해보세요. 창세기 3장 15절."

"창세기 3장 15절."

"사단은 구원자의 발꿈치를 상하게 한다고 했는데, 예수님이 십자가에 달리실 때 세 개의 못에 박히셨다고 합니다. 두 개는 각각 양팔에, 하나는 포개진 두 발에 박았는데 그 못이 예수님의 발꿈치뼈를 상하게 했다고 합니다."

"아, 상상만 해도 끔찍해요."

"그 끔찍한 일이 징표가 되었습니다."

"여자에게는 임신하는 고통을 크게 더한다고 했습니다. 여기서 타락의 저주나 형벌로 임신을 하게 된 것이라 생각하면 안 됩니다. 화면에 있는 창세기 1장 27절과 28절을 읽어주시겠어요?"

"하나님이 자기 형상 곧 하나님의 형상대로 사람을 창조하시되 남자와 여자를 창조하시고 하나님이 그들에게 복을 주시며 하나님이 그들에게 이르시되 생육하고 번성하여 땅에 충만하라, 땅을 정복하라, 바다의 물고기와 하늘의 새와 땅에 움직이는 모든 생물을 다스리라 하시니라.”

“하나님은 인간을 창조하고 1장에서 이미 ‘생육하고 번성하라’라고 말씀하셨습니다. 타락의 형벌은 임신과 출산에 엄청난 고통이 더해지는 것입니다. 옛날 어머니들은 출산하다가 사망하기도 했죠. 정말 목숨과 맞바꾸는 고통을 감당해야 했습니다. 그렇게 낳은 아기라 모성애가 강한 것 같습니다.

그리고 남자에게는 수고해야 소득을 얻을 것이라 했습니다. 타락의 저주로 노동이 생겼다고 생각하면 곤란합니다. 아담은 이미 에덴동산에서부터 일했습니다. 동산을 관리하고 동물들의 생태를 관찰하고 이름을 짓는 일을 했습니다.

저주는 창세기 3장 18절 말씀처럼 ‘땅이 가시덤불과 엉겅퀴를 낸다’는 것입니다. 이건 10만큼 일을 했으면 10을 거둬야 하는데 7이나 8밖에 거두지 못한다는 거지요. ‘엔트로피’라고 들어보셨어요? 에너지가 전환되는 과정에서 그냥 사라지는 것을 말합니다. 쉽게 말하면 ‘헛수고’가 되는 거죠. 인간의 헛수고와 헛발질은 아담 때부터 있었습니다.”

“그래서 이렇게 뭐가 안되고 힘든 것이군요.”

“남편이 못 해서 그런 게 아니라고 위로해주십시오. 인생은 원래 그런 거라고.”

"드디어 하나님이 육신의 죽음을 말씀하십니다. '너는 흙이니 흙으로 돌아갈 것이니라.' 우리가 윗사람이 죽으면 뭐라고 하죠?"

"돌아가셨다."

"바로 그것입니다. 흙으로 지어진 육신이 흙으로 돌아가는 것입니다. 당연히 영혼도 어딘가로 돌아가겠지요. '반드시 죽으리라'가 영혼의 죽음인 하나님과의 단절로 끝나지 않고 육신의 죽음까지 가게 됩니다. 인간으로서는 한 번도 경험해보지 못했을뿐더러 아직 개념도 없는 죽음에 대한 선고를 받았습니다. 언젠가는 흙으로 돌아간다는 그 사실을 상상하는 것만으로도 두려웠을 것 같습니다. 그건 지금 우리도 마찬가지지요."

벗은 몸을 가려주는 옷

"그런데 하나님은 저주와 형벌로만 사람을 에덴동산에서 쫓아내지 않으셨습니다. 마지막에 뭔가 한 가지를 해주셨습니다. 그게 뭐냐면 옷입니다. 그냥 옷이 아니라 가죽옷입니다. 무화과나무 잎으로 만든 옷은 그들을 제대로 보호하지 못했습니다. 하나님이 그들을 위해 가죽옷을 지어주셨는데, 이는 하늘에서 갑자기 떨어진 것이 아닙니다. 가죽옷을 만들려면 어떻게 해야 하죠?"

"짐승이 죽어야죠."

"바로 그겁니다. 짐승이 죽으므로 사람은 자신을 보호하는 가죽옷을 입을 수 있게 되었습니다. 비록 짐승이지만 피 흘리며 죽는 육신의 끔찍한 죽음을 경험하게 된 거죠. 그 덕분에 자신의 수치스런 몸은 가려지게 되었고요. 아마 아담과 하와는 그 짐승에게 정말 미안한 마음을 가졌을 것입니다.

예전에 예수님이 우리 죄를 가려주신다고 하는 설명에서 우리의 죄성이 없어지는 게 아니라 예수님이 마치 옷처럼 우리를 가려주신다고 했던 것 기억하세요?"

"예, 옷 설명은 자주 들어서 기억하죠."

"그 예수님을 가리켜 성경이 뭐라고 하냐면 '세상 죄를 지고 가는 하나님의 어린양'이라고 합니다. 인간의 죄를 가려주기 위해 대신 죽은 짐승처럼 예수님도 사람의 죗값을 대신 치르기 위해 죽으셨기 때문입니다. 그러니까 하나님은 타락한 사람을 에덴동산에서 내보내시면서 구원자의 약속을 말씀으로만 주시지 않고 가죽옷으로 몸에도 주셨습니다.

약속대로 구원자로 오신 유일한 여자의 후손인 예수님이 내 죄를 다 가려주셔서 하나님과의 관계를 회복할 수 있다는 걸 믿는 것이 기독교 신앙입니다. 오늘은 여기까지 하겠습니다."

"성경 말씀을 화면으로 직접 보면서 공부하니 어떠세요?"

"훨씬 좋아요. 더 명확해지는 것 같고요."

"집중이 잘되는 것 같아요. 제대로 공부하는 것 같고요. 준비하느라 수고하셨어요."

"그렇게들 말씀해주시니 저도 기쁩니다. 애쓴 보람이 있네요. 다음엔 언제 모일까요?"

우리 모임은 정해진 요일과 시간이 없다. 매번 다음 모일 요일과 시간을 정한다. 번거로울 것 같지만 아직 기독교 신앙이 최우선이 아닌 사람들의 성경공부 모임이면서도 참석률 100퍼센트를 지향하기 때문이다.

주도권 다툼 :

타락 후

만남 8

커피를 마시며 조금 시간을 보낸 후 공부방으로 향했다. 먼저 지난 시간 언급하지 못했던 이야기부터 꺼냈다. 모니터에 인간의 타락 이야기가 나오는 창세기 3장을 띄웠다.

"지난 시간에 사람이 하나님의 기준을 어기고 선악과를 먹은 것에 대해 하나님께서 '네가 왜 그랬냐?'라고 먼저 남자에게 묻고 그다음에 여자에게 물으셨습니다. 형벌을 내릴 때도 우리는 보통 남자를 먼저 언급하고 나중에 여자를 언급합니다. 그런데 성경은 조금 다릅니다. 순서를 보면 남자 – 여자 – 뱀 – 여자 – 남자입니다. 나중에 언급한 여자에 대해 먼저 다루고 먼저 언급했던 남자를 뒤에 다룹니다."

패드에 펜슬로 형광펜처럼 굵게, 대신 남자와 여자에 대한 언급을 색깔을 달리해서 선을 그었다.

"어, 정말 그러네요."

"성경이 고대 문학이기 때문에 그들의 문학적 표현 방식을 이해하면 더 재밌게 읽을 수 있습니다. 그리고 3장 16절에 '너는 남편을 원하고 남편은 너를 다스릴 것이니라'라고 하셨습니다. 남편을 원한다는 것은 남편을 사모하고 그의 보호를 바란다는 의미가 아닙니다. 이 부분을 조금 재밌게 표현한 성경을 보여드리겠습니다. 북한에서 출판된 성경입니다."

세계가 뉴 밀레니엄으로 들뜰 때 북한은 큰 식량난을 겪었다. 내가 담임했던 남서울평촌교회는 1990년대 후반 개척 초기부터 남북나눔운동을 통해 북한의 유아를 위한 분유를 지원했다. 2006년에 나는 북한의 유아들이 분유를 제대로 공급받았는지 확인하기 위해 정부의 공식 경로를 통해 북한을 방문했다. 그때 북한 관계자로부터 북한 성경을 얻었다. 천주교와 함께 작업한 공동번역 성경과 비슷하게 번역되어 있었다.

원래는 공동번역 성경을 보여주려고 했는데, 서울-부산을 두 번 이사하는 과정에서 사라졌는지 전날 아무리 찾아도 보이지 않아 어쩔 수 없이 북한 성경을 보여주었다.

"북한에도 성경이 있어요?"

"예, 공산주의 국가도 대외적으로는 엄연히 민주국가이기 때문에 종교의 자유를 표방합니다. 그래서 공산당이 인정하는 칠골교회나 봉수교회 같은 교회가 있습니다.

중국에도 '삼자교회'라는 교회가 있지요. 다만 예배 때 설교나 광고를 통해 공산당을 높이는 일이 있습니다. 그래선 안

되죠. 이에 반해 교회당 없이 은밀히 모이는 '가정교회'라고 불리는 교회가 있습니다. 중국에는 세력이 크지만 북한에는 아마 거의 사라졌을 겁니다.

북한 성경에 보면 창세기 3장 16절 뒷부분이 '너는 남편을 마음대로 주무르고 싶겠지만 도리어 남편의 손아귀에 들리라'라고 되어 있습니다. 한 가지 질문하죠. 집에서 누가 주도권을 갖고 있습니까? 아이들에게 물어보면 뭐라고 할까요?"

"엄마라고 하겠죠."

"이게 안타까운 상황입니다. 하나님은 처음 남자와 여자를 만드실 때 서로 돕는 배필로 만드셨습니다. 외롭고 부족한 부분을 채우고 더 행복하게 살도록요. 그런데 타락으로 온전히 하나가 되어야 할 부부가 주도권 다툼을 하게 되었지요. 만약 결혼을 앞둔 후배가 있다면 보통 동성의 선배가 어떤 조언을 합니까?"

"초반에 주도권을 잡아야 한다고요."

"예, '다시 오지 않는 신혼 때 더 많이 사랑해라'가 아니라 경쟁과 다툼을 부추깁니다. 이런 비극이 현대에 들어와서 시작된 게 아니라 타락하면서부터 이미 시작된 거지요. 그런 관점에서 요즘 페미니즘이나 남성우월주의는 둘 다 창조 질서에 어긋난 패권주의적 사고일 뿐입니다."

"그렇군요. 이제 조심해야겠네요."

"혹시 부부가 의견이 다르거나 싸우더라도 문 닫고 하시고 적어도 아이들 앞에 그런 모습을 보이지 마세요. 이십 년 동안 한 교회에서 목회하면서 자녀들이 부모의 그런 모습 때문에 결혼이나 가정을 이루는 것에 부정적 시각을 갖는다는 걸 알게 됐습니다.

남편과 아내는 다른 사람이니 의견이 다를 수밖에 없죠. 그렇다면 계속 대화하면서 의논하는 연습을 해야 합니다. 의견이 다르면 적으로 여기고 싸워 이기려는 성향이 있는데, 적어도 부부 사이에서는 그러면 안 됩니다. 아이들을 위해서라도요."

"예, 문 닫고 하겠습니다."

사람을 삼키려는 죄

"창세기 4장 1절에 에덴동산을 나온 아담이 하와와 동침했다고 했습니다. 이 단어는 원래 '알다'라는 의미입니다. 직접 보고 확인하고 인식한다는 뜻이지요. 그래서 어떤 영어 성경은 'know'라는 단어를 썼습니다. 부부는 배우자를 그렇게 알아가죠. 가족에게도 보여주지 않는 배우자의 벗은 몸을 보는 것뿐 아니라 남들이 모르는 배우자의 마음도 그렇게 보고 알아야 합니다."

모인 사람들이 모두 누군가의 아내인지라 이 부분을 사뭇 진지하게 듣는 것 같았다. 그렇게 설명하는 나를 빤히 쳐다보는데 사실을 실토하지 않을 수 없었다.

"제가 제 아내의 마음을 잘 알고 잘한다는 이야기가 아닙니다. 저도 이렇게 살려고 노력하는 사람 중 하나입니다."

"저희는 아무 말도 안 했는데요?"

"그냥 그렇다고요. 하하. 하와가 임신해서 가인을 낳았다고 했습니다. 이건 성경에 자녀를 낳은 첫 기록이긴 하지만 가인이 아담과 하와가 낳은 첫 자녀인지는 모릅니다.

성경이 하나님의 말씀이라 사람이 어떻게 구원을 얻을 수 있는지는 분명하게 적혀 있지만, 예를 들어 족보에 모든 사람이 빠짐없이 기록되는 건 아닙니다.

고대 수메르 왕국의 기록에 보면 일곱 왕이 언급되는데 그 왕들의 재위 기간이 수만 년에 이릅니다. 그건 그 왕들의 수명이 일만 년에 이르렀다는 이야기가 아니라 큰 업적을 세운 왕을 중심으로 기록하며 대신 많은 왕을 생략한 거죠. 고대 사람들은 족보를 그런 식으로 기록했습니다. 성경이 가인을 처음 언급한 것은 가인이 바로 뒤에 큰 사건을 저지르기 때문입니다.

가인은 농사짓는 사람이었고, 아벨은 양 치는 자였습니다. 가인과 아벨은 각각 자기의 소유로 하나님께 제사를 드렸습니다. 가인은 곡식으로, 아벨은 양으로요. 그런데 4절과 5절을 보세요. 하나님이 아벨의 제물은 받으셨지만 가인의 제물은 받지 않으셨다고 했습니다. 이걸 어떤 만화 성경은 아벨의 제물을 태운 연기는 하늘로 올라가고 가인의 제물을 태운 연기는 가인에게 되돌아가서 연기를 뒤집어쓴 가인이 재채기를 하는 걸로 표현했습니다.

그럴 수도 있겠지만 정확히 어떤 일이 벌어졌는지는 모릅니다. 다만 가인이 자신의 제물을 하나님이 받지 않으셨다는 걸 분명히 알 수 있는 어떤 일이 있었다는 거죠. 그런데 여기서 오해하지 말아야 할 것이 있습니다. 보통 성경에서 제물을 드린다고 하면 제물이 무엇이어야 할까요?"

"양이요."

"예, 그래서 가인이 양을 제물로 하지 않고 곡식을 제물로 했기 때문에 하나님이 받지 않으셨다고 생각할 수도 있지만 그건 오해입니다. 왜냐면 나중에 하나님이 제사법을 율법으로 주시는데 거기에 보면 곡식을 제물로 바치는 제사도 나옵니다. 가인이 곡식을 제물로 바쳤기에 하나님이 제물을 받지 않으셨다는 건 정확한 이유가 아니라는 거죠. 4절에 하나님이 아벨이 드린 양만 받으셨다고 되어 있나요?"

"아니요. '아벨과 그의 제물'이라고 했습니다."

"하나님이 받지 않으신 가인의 경우도 마찬가지입니다. '가인과 그의 제물을 받지 않으셨다'라고 했습니다. 하나님이 그를 받으실 수 없는 무언가가 있었던 모양인데 성경은 그 일에 대해서는 침묵하고 있습니다. 다만 우리가 알 수 있는 것은 하나님이 그 사람을 받지 않으시면 그의 제물도 받지 않으신다는 것입니다.

　가인은 자신을 돌아보지 않고 안색이 변했습니다. 핑계 대고 변명했던 아담과 하와와 비슷한 반응이지요. 결국 하나님 탓을 한 겁니다. 하나님은 7절에서 가인에게 '죄가 문에 엎드려 있느니라'라고 하셨는데, 이건 마치 개구리가 도약을 위해 웅크리듯 죄가 순식간에 사람을 덮치기 위해 엎드려 있다는 의미입니다. 하나님이 가인의 마음 문 앞에 있는 죄를 경계하신 거지요. 이어 '죄가 너를 원하나'라고 하셨는데 이건 3장에서 하나님이 여인에게 하신 말씀 '너는 남편을 원하고'에 사용되었던 단어와 똑같은 단어입니다. 그때 '원하다' 단어의 의미가 뭐라고 했죠?"

　"손아귀에 넣다."

　"맞습니다. 사람이 죄를 향해 마음 문을 열면 죄가 순식간에 덮쳐 사람을 손아귀에 넣으려고 하지만 그렇게 당하지 말고 죄를 잘 다스리라고 하신 겁니다. 어떻게 하는 게 죄를 다스리는 것일까요?"

　"마음 문을 열지 않는 거요."

　"그렇죠, 죄를 향해 마음 문을 열지 않는다면 원천 봉쇄가 되겠죠. 그러나 사람이 그럴 수 있을까요?"

　"죄와 싸워 이겨야죠."

　"죄와 싸워 이겨보셨어요?"

　"아뇨."

"그럼 어떻게 해야 할까요?"

"…."

"죄를 다스릴 수 있는 분에게 의지하는 겁니다. 죄가 겁내는 분에게 나를 맡기는 겁니다. 그런 분이 누구실까요?"

"예수님."

"맞습니다. 죄는 우리를 덮치고 손아귀에 넣으려고 하지만 죄에 사로잡힌 우리를 해방시키신 분이 예수님입니다. 우리에게 다가오는 죄를 없앨 수는 없지만 그것이 우리를 완전히 사로잡지 못하도록 관리할 수는 있습니다.

성경에 '누구든지 주의 이름을 부르는 자는 구원을 얻으리라'라고 했는데, '예수님, 도와주세요' 하는 것이 주의 이름을 부르는 것입니다. 구원은 예수님을 믿고 한 번 경험하고 마는 게 아니라 날마다 경험하는 지속적인 은혜입니다."

사람에게 들리지 않는 소리

"하나님은 미리 가인에게 죄를 다스려야 한다고 말씀하셨지만 8절에 보면 가인은 끔찍한 범죄를 저지르기 위해 일을 진행합니다. '아벨에게 말하고', 무엇을 말했는지는 구체적으로 모릅니다. 그러나 최소 들판으로 나가자고 했겠지요. 왜 들판으로 나가자고 했을까요?"

"죽이려고요."

"예, 죽이고 싶은 마음도 끔찍하지만 죽이고 싶은 마음만으로는 죽일 수 없습니다. 그 마음을 다스리지 않고 가만히 두니까 죽이는 준비를 하게 된 겁니다. 처음에는 잘 모르다가 결국 그 마음이 당사자를 삼키고 사람을 죽이게 되는 거지요. 우리가 죄를 지을 때도 마찬가지입니다."

"그렇군요."

"결국 가인이 동생 아벨을 죽였습니다. '쳐 죽였다'라는 건 때려죽였다는 의미입니다. 돌로 내리쳤든지, 죽도록 때렸든지 참 끔찍한 일이 벌어졌습니다."

"끔찍하네요."

"아마 가인도 자신이 저지른 일에 대해 놀랐을 것입니다. 최초의 살인 사건이 자기 손에 의해 벌어졌으니까요. 처참하게 피를 흘리며 고통스럽게 죽는 사람은 처음 봤을 테니까요.

바로 그랬는지 시간 간격이 있었는지는 모르지만 하나님이 가인에게 아벨이 어디 있느냐고 물으셨습니다.

부모인 아담과 하와가 그랬던 것처럼 가인은 용서를 구하지 않고 회피하고 변명합니다. 하나님은 10절에서 '네 아우의 핏소리가 땅에서부터 내게 호소하느니라'라고 말씀하십니다. '역시 하나님이라 끔찍하게 피 흘린 죽음을 문학적으로 표현하셨구나'가 아닙니다. 이건 문학적 표현이 아니라 물리적 표현입니다. 지금 문학적 표현을 할 분위기가 아니잖아요.

사람에겐 들을 수 있는 소리의 범위가 있습니다. 그 범위를 벗어나면 소리가 없다고 생각하지만 소리가 있습니다. 지구가 자전하거나 공전하는 속도가 엄청나지만 인간은 전혀 느끼지도 못하고 그 소리를 듣지 못합니다. 엄청난 굉음일 텐데 말이죠. 그런 것처럼 압제당한 약하고 가난한 자의 신음과 원망이 화려한 궁궐이나 고급 주택에 살고 있는 압제자에게는 들리지 않을지 모르지만 하나님께는 들립니다.

성경에는 곳곳에 그런 표현이 있습니다. 그리고 하나님이 그에 대해 심판하신 내용이 나옵니다. 마치 하나님이 존재하지 않거나 하나님이 창조하셨더라도 사람이나 자연이 알아서 돌아가게 하는 것처럼 보이지만 결코 그렇지 않습니다.

경제학에도 '보이지 않는 손'이란 게 있는 것처럼 하나님은 보이지 않지만 세상을 다스리십니다. 그리고 이 모든 일을 마지막 날에 결국 심판하실 것입니다."

"하나님은 12절에서 가인에게 저주를 내리십니다. 그가 안정적으로 살지 못하고 떠돌아다니게 될 것이라고 하셨습니다. 이건 실제적으로도 그렇지만 심적으로 안정을 누리지 못한다는 말입니다. 가인은 너무 두려워 자신의 두려움을 하나님께 고백합니다. 자기도 살인을 당할까 봐 두렵다는 거죠.

자기는 사람을 죽여놓고 자기가 죽임당할 것이 두려워 고통스럽다고 호소하다니요. 가인에게 이미 저주가 임했음을

대화로 푸는 성경

볼 수 있는 대목입니다. 하나님은 그에게 다른 사람으로부터 죽임을 당하지 않을 수 있는 표를 주셨다고 했습니다."

"그게 무슨 표인가요?"

"성경이 말하고 있지 않으니 그게 뭔지 알 수 없습니다. 솔직히 우리는 그게 궁금하지만 성경이 관심 없다는 건 우리에게 알려주고 싶은 것이 아니라는 것이고 알 필요도 없다는 겁니다. 오히려 주목해야 할 것은 그다음 가인의 태도입니다.

17절에 보면 가인은 성을 쌓았습니다. 누가 자기를 죽일까 봐 불안하니 성을 쌓은 거죠. 높고 견고한 성은 아니겠지만 인류 최초의 성입니다. 이 성은 단절을 의미합니다. 자신은 안전을 확보할지 모르겠지만 상대방에게는 위압감을 주죠.

사람 사이에 좋은 관계는 절로 맺어지는 게 아니죠. 마음을 들이고 시간을 내고 수고해야 합니다. 내가 좋은 마음으로 다른 사람에게 다가가면 언제나 좋은 관계가 되던가요?"

"아뇨, 오해받기도 하고, 좀 그렇죠."

"전에 아담이 에덴동산에서 쫓겨날 때 하나님이 저주하신 내용이 있습니다. '네가 수고해도 땅은 가시덤불과 엉겅퀴를 내서 수고한 만큼 얻지 못할 것이다.' 사람 사이에 좋은 관계를 맺을 수 없도록 가시덤불과 엉겅퀴가 마구 나오고 있습니다. 하나님이 내리신 그 저주가 사람 사이에도 임하고 있는 겁니다."

"그런 거군요."

계급과 압제의 시작

"이어 가인의 후손에 대한 이야기가 나옵니다. 목축을 하는 자의 조상이 된 사람도 있고, 악기를 만들고 연주하는 자의 조상이 된 사람도 있습니다. 거기에 구리와 쇠로 기구를 만드는 사람도 나옵니다. 그 사람의 이름이 두발가인입니다. 혹시 영화 〈노아〉를 보셨습니까?"

"아뇨."

"저는 봤는데요."

"거기에 보면 방주를 만드는 노아와 대립하는 인물이 나오는데, 그 사람 이름이 '두발가인'입니다."

"기억이 나질 않네요. 그런 건 전혀 생각하지 않고 봤어요."

"구리와 쇠로 뭘 만드는 사람이란 건 단순하지 않습니다. 옛날 석기 시대에 갑자기 청동으로 뭘 만들 수 있게 되었어요. 그 사람이 청동으로 뭘 만들었을까요?"

"무기요?"

"그렇죠. 고대 유물로 청동검 나오잖아요. 석기와는 다른 고급 무기가 만들어졌습니다. 그로 인해 권력이 생기고 폭력과 압제, 약탈이 일어나고 계급이 만들어지는 거죠."

"그런 거군요."

"한 예가 23절과 24절에 나옵니다. 무슨 일이 있었냐면 어떤 소년이 라멕이란 사람을 다치게 했습니다. 고대 탈리오의 법칙 아세요?"

"눈에는 눈, 이에는 이."

"예, 동해보복법(同害報復法)이라고 하죠. 성경에도 그런 내용이 나옵니다. 왜 이런 법이 필요했는지 아시겠어요? 만약 다른 사람이 내 눈을 상하게 해서 앞을 보지 못하게 됐다면 어떻게 보상을 받아야 할까요?"

"똑같이 갚아줘야죠."

"마음이 착하십니다. 보통 사람은 그러지 않죠. '내 눈을 상하게 했어? 저놈을 죽여버려야지'가 됩니다. 더 끔찍하고 과한 보복이 일어나지 못하게 막고 사회의 질서를 유지하려는 법이 동해보복법입니다. 그런데 라멕은 그 소년을 죽여버렸습니다. 그럼 소년의 가족이 '우리 아들을 죽여? 너도 죽어라. 아니, 네 가족도 죽어라' 해야 하는데, 그렇게 하지 못했습니다.

이미 라멕은 그 시대 무소불위의 권력을 휘두르는 사람이었던 것입니다. 자기가 조금 다친 일로 사람을 죽일 수도 있고, 그 일을 숨기거나 그에 대해 죄책감을 갖지 않고 '내가 죽였다, 왜? 나를 건드리는 놈은 다 이렇게 된다'라고 오히려 드러내고 위협할 수 있는 계급이었던 것입니다.

24절에 보면 라멕이 끔찍한 법을 만들었습니다. 동생을 죽인 가인이 너무 두려워하자 하나님께서 '너를 해하면 7배나 벌을 줄 테니 안심하라'라고 해주셨는데, 라멕은 자기를 건드리면 77배나 되는 벌을 받을 거라고 엄포를 놓은 겁니다.

말이 되지 않죠. 그런 폭력과 횡포를 저지르는 사람이 벌써 그 시대에 나타났습니다. 이처럼 인간은 힘과 권력을 가지게 되면 다른 사람을 향한 압제와 폭력을 행하게 되어 있습니다."

"만약 우리가 재벌처럼 엄청 돈이 많고 권력을 가졌다면 어떨까요?"

"글쎄요, 상상만 해도 일단 좋네요."

"하하, 좋겠지요. 그런데 지금 우리가 힘과 권력이 없어서 이렇게 착한 얼굴로 앉아있지 만약 가졌다면 어떻게 변할지 알 수 없습니다. 저도 마찬가지고요. 하나님이 우리가 나쁜 짓 하지 말라고 돈과 권력을 주지 않으셨는지도 몰라요."

"그런가요? 저는 나쁜 짓 안 할 건데…."

"라멕은 자기가 해를 당하면 77배나 보복하겠다고 했습니다. 그런데 훗날 예수님은 아주 놀라운 말씀을 하셨지요.

제자가 예수께 묻습니다. '타인이 잘못하면 7번 용서하면 되겠습니까?' 삼세번이란 말이 있듯이 3번 참고 용서하는 것도 대단한 거거든요. 그런데 예수님은 '70번씩 7번 용서하라' 하셨습니다. 70 곱하기 7, 490번 용서하라고요. 이게 무슨 의미일까요? '내가 이번까지 470번 용서했다. 20번만 더 참으면 복수한다' 이렇게 하라는 것일까요?"

"아니요."

"누가 그걸 400번 넘게 세고 있겠습니까? 그냥 끊임없이 용

대화로 푸는 성경

서하라는 말씀이죠. 타락한 인간은 권력을 잡고선 자신만을 위해 다른 사람을 억울하게 하는 77배 보복법을 만드는데, 예수님은 490번 용서하라고 가르치셨습니다.

77배 보복하는 것도, 490번 용서하는 것도 우리는 할 수 없습니다. 하지만 어떤 마음의 자세가 사회에 유익이 될까 생각해보면 좋겠습니다. 오늘은 여기까지 하겠습니다."

문득 기도로 마치고 싶은 마음이 들었다.
"제가 기도하고 마쳐도 될까요?"
"예."
"하나님, 저마다 다른 인생을 사는 바쁜 이들이 함께 모여 성경을 공부하게 해주셔서 감사합니다. 오늘 우리는 타락한 인간이 어떻게 계속 나빠지는지 성경을 통해 봤습니다. 우리의 본성도 그런 줄 압니다. 왜 우리에게 구원이 필요한지 알게 됩니다. 예수님을 통해 구원과 용서를 알게 해주셔서 감사합니다. 우리도 그런 마음으로 살게 해주십시오. 다음에 만날 때까지 모두 건강하고 평안하게 살게 해주십시오. 예수님의 이름으로 기도합니다. 아멘."
"아멘."
이 모임에서 처음으로 기도했다. 기도한 것도 감사하고 다들 "아멘"이라고 해준 것도 감사했다. 감격은 혼자만의 것으로 두고, 하나라도 더 가르쳐주고 싶은 마음이 발동했다.

"아멘이라고 해주셔서 감사합니다. '아멘'은 '진실로'라는 의미입니다. 예수님이 말씀하실 때 종종 '내가 진실로 진실로 너희에게 이르노니'라고 하시는데 그 히브리어가 '아멘, 아멘'으로 되어 있습니다. 이걸 기도가 끝난 후나 다른 사람의 말이 끝난 다음에 하면 '진실로 그렇게 되기를 바랍니다'라는 의미입니다."

"아, 그래서 교회 다니는 사람들이 '아멘'을 자주 하는군요."

대화로 푸는 성경

하나님을
찾지 않는 사람들 :
노아의 홍수

만남 9

네 명이 다 모이기를 기다리고 있는데, 두 명에게서 각각 연락이 왔다. 공교롭게도 두 가정에 모두 아이가 아픈 일이 생겼다. 아이가 아프면 엄마는 비상이다. 매일 모임을 위해서 기도하지만 기도한 대로만 이루어지지는 않는다.

그사이 참석한 한 명에게 전화가 왔다. 시아버지의 전화인데 손주 이름에 관련된 내용이라고 했다. 아이의 이름을 시아버지가 지으셨는데, 주변에서 이름이 좋지 않으니 이름을 바꿔야 한다는 이야기를 들었다는 것이다. 시아버지는 며느리의 의견을 물으러 전화하셨단다. 덕분에 아이들의 이름과 관련된 에피소드를 들었다. 나는 그 이름들을 메모했다.

그리고 그날 저녁부터 아이들의 이름까지 부르며 기도하게 됐다. 내가 기도한 것처럼 4명 전원 출석이 이루어지지 않아 아쉬웠지만, 한 가정에 대해 더 깊이 알 수 있는 기회가 되어 감사했다. 잠언 16장 9절 말씀이 떠올랐다.

사람이 마음으로 자기의 길을 계획할지라도 그의 걸음을 인도하시는 이는 여호와시니라

"다 같이 진도를 나가면 좋은데 이렇게 됐네요. 이왕 모이셨는데 어떡하면 좋을까요?"

"목사님, 그럼 다른 얘기 해주세요. 원색적인 복음으로."

모임을 주선한 분이 말했다. 무슨 이야기인지 충분히 이해가 된다. 다른 분들이 없어 훨씬 개인적으로 다가갈 수 있는 기회이니 노골적인 복음 제시를 해달라는 말이다.

"아무리 목사님이라도 준비하신 것이 있는데 갑자기 다른 것을 하라고 하면 되나요?"

"다른 건 몰라도 이것에 대해선 늘 준비하고 계셔. 그렇죠?"

"아, 예, 그렇긴 하지만… 하하."

서로 눈치를 보는 짧은 시간이 지나갔다. 이런 시간은 정말 길게 느껴진다.

"그냥 원래 하기로 한 '노아의 홍수'를 공부하시죠."

내가 제안했고, 공부방으로 자리를 옮겼다.

"노아의 홍수 이야기는 창세기 6장에 나옵니다."

화면에 창세기 6장 본문을 띄웠다.

"인구가 점점 많아지는 중에 묘한 일이 생겼습니다. 2절에 나와 있는 대로 '하나님의 아들들이 사람의 딸들의 아름다움

대화로 푸는 성경

을 보고 자기들이 좋아하는 모든 여자를 아내로 삼는' 일입니다. 이 '하나님의 아들들'이 누구일까요? 4장 마지막에 나왔던 셋의 후예입니다.

셋은 아벨이 죽고 난 다음 하나님이 아담과 하와 사이에 새롭게 주신 아들이죠. 그 후손들이 '여호와의 이름을 부르는' 사람들이 되었다고 했습니다. 하나님을 믿는 공동체가 된 거죠. 처음엔 그들이 성을 쌓고 무기를 만들고 폭력을 일삼고 계급을 만드는 가인의 후예와 거리를 두고 살았는데 그렇지 않게 된 것입니다."

"목사님, 제가 어디에서 봤는데 여기 '하나님의 아들들'이 '천사'라고 하던데요."

모임을 주선한 분은 열심이 있는 분이다. 어디서 책을 읽었거나 관련된 설교를 들은 모양이다. 잊지 않고 기억하는 것 자체가 놀랍고 귀하다.

"예, 그렇게 말하는 사람도 있습니다. 욥기에도 '하나님의 아들들'이라는 표현이 있는데 그건 분명 천사들을 말하는 것입니다. 똑같은 단어를 쓰고 있지만 여기서는 천사라고 볼 수 없는 분명한 이유가 있습니다.

마태복음 22장을 보면 부활을 믿지 않는 사두개인이 예수님을 시험하기 위해 어떤 가정을 내놓았습니다. 일곱 형제가 있었는데 고대의 형사취수 원칙(형이 죽은 뒤에 동생이 형수와 결혼하여 함께 사는 혼인 제도)에 따라 줄줄이 한 여인과 결혼했다면 나중에 천국에서 이 여인은 누구의 아내가 되겠느냐고 물었지요. 그때 예수님의 대답을 기억하십니까? 천국에서는 남성 여성이 없고, 모두가 천사처럼 된다고 하셨습니다.

무슨 말입니까? 천사는 성(性)이 없다는 말입니다. 또한 천사는 영인데 어떻게 사람의 딸들과 관계해서 자녀를 낳겠습니까? 만일 그렇다면 천사가 육신을 가졌다는 말인데, 그건 제우스가 육신을 가지고 여인을 범했다는 그리스 신화 같은 이야기입니다. 하나님이 한시적으로 천사가 육신을 가지도록 허락하실 일도 없고요. 성경 전체의 맥락을 보면 천사가 육신을 갖고 인간 여인과 관계를 맺는다는 건 있을 수 없는 일입니다."

"정말 듣고 보니 그러네요."

"세속적인 가치와 거리를 두고 살았던 하나님의 사람들이 결혼 동맹을 통해 세속의 권세를 같이 누리게 된 거죠. 소위 세상맛을 본 겁니다. 세속적 권력과 폭력을 멀리하고 하나님을 불렀던 사람들이 이제 굳이 하나님을 부를 필요가 없게 되었습니다. 세상과의 결탁을 통해 하나님을 부르지 않아도 아쉬울 게 없으니까요. 하나님을 부르던 하나님의 아들들이 하나님을 부르지 않게 되었으니 더 이상 하나님의 아들들이 아니게 된 거죠."

대화로 푸는 성경

"3절에 하나님께서 '나의 영이 영원히 사람과 함께하지 아니하리니 이는 그들이 육신이 됨이라'라고 하셨습니다. 사람들은 원래부터 육신이었는데 무슨 뜻일까요? 이 말은 하나님의 사람들이 더 이상 하나님의 가치를 추구하지 않고 육신의 가치를 추구했다는 말입니다.

하나님을 경외하는 사람들이 그나마 의미 있는 세상을 만들어가고 있었는데 그들마저 하나님을 저버리고 그분과 상관없이 살게 된 거지요. 창조주인 하나님께 피조물이 그런 태도를 보이는 건 단순한 거역 정도가 아니라 반역이죠. 그러면 어떻게 해야 할까요?"

"처벌해야죠."

"그래서 하나님이 세상을 멸망시키기로 하신 것입니다. 3절 마지막에 '그들의 날은 백이십 년이 되리라'라는 구절이 있지요?"

"예."

"이걸 근거로 하나님이 인간을 백이십 년까지 살 수 있도록 하셨다고 생각하는 사람들이 있습니다."

"진짜요? 하나님이 사람의 수명을 백이십 년으로 정했다고요?"

"솔깃할 수도 있는 이 말씀은 인간의 수명이 그렇다는 말이 아닙니다. 홍수 전에는 구백 년 이상 산 사람들이 수두룩했고, 홍수 이후에도 백이십 년 넘게 산 사람이 많기 때문입니다. 이건 앞으로 백이십 년 뒤에 세상을 심판할 거라는 하나님의 예고인 셈입니다.

4절에 '네피림'이란 사람들이 나옵니다. 이는 '폭행하는 사람'이란 의미입니다. 쉽게 말하면 싸움을 전문으로 하는 '전사'(戰士)인데, 중세의 기사처럼 이들이 계급을 이룰 정도로 전쟁과 싸움이 난무하는 악한 세상이 되었음을 의미합니다.

6절에 하나님이 사람을 지으신 것을 한탄하시고 근심하셨다고 나옵니다. 일이 이렇게 꼬일 줄 전혀 모르셨다는 게 아니라 마음이 그만큼 안타까우셨다는 표현입니다.

부모가 자식의 비행 앞에 '내가 너를 왜 낳았을까?'라고 말하는 건 진짜 낳은 걸 후회하는 게 아니라 '네가 왜 이런 못된 짓을 했느냐?'라는 탄식을 강조하는 거죠. 신의 마음을 정확히 묘사할 수 없어 사람의 마음을 빌어 표현한 것입니다.

7절에 홍수 심판의 대상이 나옵니다. '사람으로부터 가축과 기는 것과 공중의 새까지'입니다."

"물고기는 없네요."

"홍수인데 물고기가 빠져 죽을 리가 없잖아요? 방주에 물고기까지 넣으려면 엄청난 크기의 수조를 만들어야 했을 거고요."

"아, 그러네요. 그러면 곤충은요? 파리나 모기 같은?"

"글쎄요. 파리나 모기는 짐승의 몸에 붙어서 방주에 들어갈 수도 있었을 텐데… 솔직히 모르겠네요."

처음엔 목사인 내가 모른다고 했을 때 조금 놀라더니 이젠 목사도 모를 수 있다는 걸 받아들인 눈치다. 덕분에 나도 모르는 걸 억지로 대답하며 아는 척할 필요가 없어 편하다. 그리고 모르는 걸 모른다고 하는 솔직함 덕분에 내가 안다고 말하는 내용을 더 잘 받아들이게 된 것 같다.

"8절에 중요한 표현이 나옵니다. '노아는 여호와께 은혜를 입었더라.' 성경에 '은혜'라는 단어가 여기에 처음 나옵니다. 이걸 영어 성경에서는 이렇게 번역합니다."

나는 패드에 흠정역(KJV) 영어 성경을 썼다.

"Noah found grace in the eyes of the LORD. 직역하면 '노아는 하나님의 눈에서 은혜를 발견했다'입니다. 참 아름다운 문학적 표현이지요. 타락한 인간은 하나님을 볼 수 없습니다. 노아가 정말 하나님의 눈을 본 건 아니란 말입니다.

다만 순서상 정리를 해보면 먼저 하나님이 노아를 은혜로운 눈으로 보셨고, 그런 시선을 받은 노아가 하나님의 눈을 보니 은혜가 있더란 말입니다. 하나님의 은혜를 입은 것을 이렇게 표현한 겁니다."

"이런 표현 좋아요."

"그럼 노아는 어떻게 은혜를 입을 수 있었을까 생각하게 되는데요. 9절에 보면 그는 당대에 의인이고 완전한 사람이었다고 나옵니다. '아, 그래서 하나님이 은혜를 주셨구나'라고 생각하면 복음이 아닙니다. 성경이 8절을 먼저 쓴 이유를 생각해보세요. 세상에 하나님의 눈에 들 만큼 의롭고 흠이 없는 사람이 있을까요?"

"아니요."

"예, 없습니다. 신을 만족시킬 만한 사람은 없지요. 하나님이 먼저 은혜 가득한 눈으로 노아를 대하셨고, 노아가 그 은혜를 입어 타락한 세상에서도 하나님을 찾고 경외하고 그분과 동행하는 사람이 되었습니다. 성경은 그런 사람을 의롭고 흠이 없다고 합니다.

그건 지금도 마찬가지예요. 그래서 복음입니다. 사람이 도저히 이를 수 없는 수준을 요구하는 게 아니라 사람으로서는 할 수 없으니 신을 의지하라고 하신 것입니다. 어떤 사람도 받을 수 있는 내용이라서 복음(Good News)이지요."

고민과 갈등을 껴안은 순종

"14절에 하나님은 노아에게 고페르 나무로 방주를 만들라고 하십니다."

"고페르 나무는 어떤 나무인가요?"

대화로 푸는 성경

"예전 성경에는 '잣나무'라고 번역했습니다. 왜 하나님은 잣나무로 방주를 만들라고 하셨을까요? 보통 사람들은 하나님이 잣나무를 선택하셨다고 하면 그 이유를 찾습니다. '잣나무가 가벼워 가라앉지 않으며, 물에 잘 썩지 않는다' 등의 이유를 대면 사람들이 수긍하니까요. 잣나무가 정말 그런지 저는 모릅니다. 하지만 하나님이 잣나무를 선택하신 이유는 노아가 사는 주변에 많았기 때문일 겁니다.

하나님은 우리에게 없는 것을 요구하지 않으십니다. 옛날 우리나라 궁궐의 기둥은 어느 산의 어떤 나무를 구해와서 만들었다고 하는데, 만약 노아가 방주를 그렇게 만들었다면 만들기도 전에 파산했을 것입니다.

나중에 하나님이 모세에게 이스라엘 백성을 이집트에서 해방시키려 보내겠다고 하셨을 때 모세는 못 하겠다고 했습니다. 그러자 하나님은 그에게 '네게 있는 것이 무엇이냐?'라고 물으셨습니다. 모세가 목자로서 '지팡이가 있습니다'라고 하자 하나님은 '그럼 그 지팡이를 내밀어라'라고 하셨지요. 모세가 지팡이를 내밀 때마다 기적이 일어났습니다. 하나님은 그런 분이십니다.

하나님께서 방주의 규격을 말씀해주셨습니다. 길이는 300 규빗, 너비는 50규빗, 높이는 30규빗. 규빗은 성인 남성 팔꿈치부터 손끝까지의 길이인데 약 45센티미터 정도입니다. 계산하기 불편하니까 50센티미터로 생각하면 방주의 길이는 150

미터, 너비는 25미터, 높이는 15미터 정도 됩니다. 감이 잘 오지 않으실 텐데 항공 모함이 물 밖에 나와 있는 크기의 절반 정도 됩니다."

"엄청 크네요."

"노아가 그 옛날에 이런 어마어마한 배를 만들려면 시간이 얼마나 걸렸을까요? 게다가 생업도 하면서 말이죠."

"정말 오래 걸렸겠는데요."

"아까 인간의 날이 백이십이 될 것이라는 말씀을 누가 들었을까요?"

"노아요."

"그렇죠. 노아만 살아남았으니까요. 그럼 그때부터 노아는 방주를 만들기 시작했을 겁니다. 그렇다면 백이십 년이란 오랜 세월 동안 방주를 만들었다고 생각할 수 있습니다.

그런데 방주가 항공 모함 절반만큼 크긴 하지만 그 안에 지구상의 모든 동물이 다 들어갈 수 있을까요? 이런 의문점을 연구하고 계산하는 사람들에 따르면 방주가 총 3층이고(창 6:16) 높이가 약 15미터이니 한 층의 높이는 약 5미터로 항공 모함 절반 크기의 3층으로 된 상자라면 지구상의 모든 동물이 들어가고도 남는다고 합니다. 심지어 식량까지도요."

"방주 크기는 그렇다 쳐도 노아가 그 동물들을 어떻게 다 잡아넣을 수 있었을까요?"

사람들은 서로 의견이 분분했다.

"노아가 다 잡으러 다닐 순 없었겠지요."

"그런데 노아가 방주에 다 넣었잖아요?"

내가 중재했다.

"20절을 읽어주세요."

"새가 그 종류대로, 가축이 그 종류대로, 땅에 기는 모든 것이 그 종류대로 각기 둘씩 네게로 나아오리니 그 생명을 보존하게 하라."

"그렇습니다. 노아가 잡으러 다닌 게 아니라 하나님께서 동물들로 하여금 노아에게 나아오게 하셨습니다. 대신 21절 말씀처럼 먹을 것은 노아가 비축해야만 했습니다. 물론 그것도 하나님이 도와주셨겠지요."

"노아가 정말 힘들었을 것 같아요."

"맞습니다. 노아는 정말 힘들었을 겁니다. 하지만 큰 방주를 만드는 일보다 더 힘든 건 사람들의 비아냥거림이었을 겁니다. 배를 바다가 아니라 산에서 만들고, 유선형 배가 아닌 상자형 배를 만드는데, 움직일 방법도 없는 성(城)만 한 배를 만드니 사람들이 미쳤다고 얼마나 놀렸을까요? 그것도 그 오랜 세월 동안 말이죠."

"그러네요."

"노아도 힘들었고, 그의 자식들과 며느리들까지 힘들었을 것입니다. 그런데 그 모든 걸 견디며 하나님 말씀에 순종하는 것, 그것이 믿음입니다. '하나님은 말씀하신 대로 심판하실 것이다, 하나님이 상자형 배를 만들라고 하셨다, 그 배만이 우리를 구원할 수 있다'라고 믿었기에 노아와 그 가족은 오랜 세월을 순종했을 겁니다.

그렇다고 그들에게 고민이나 갈등이 없었던 건 아닙니다. 그들도 우리와 똑같은 인간이기 때문이지요. 열두 시간도 아니고 백이십 년을 그렇게 보냈다면 가족 안에서 별별 일을 겪었을 것입니다. 그러면서도 방주를 만든 거죠.

신앙생활도 마찬가지입니다. 갑자기 거룩해져서 천사같이 구름 위의 삶을 사는 게 아니라 여전히 세상 속에서 별별 일을 겪고 심지어 비아냥거림을 당하지만, 그저 하나님의 말씀을 믿고 예배하는 삶을 사는 겁니다."

모든 사람을 위한 방주

"오랫동안 방주를 만들고 음식을 저장하고 놀림을 당하면서 일상을 사는 것도 힘들었겠지만 아마 노아의 가족이 가장 힘들었던 때는 홍수 직전이었을 것입니다."

"왜요? 무슨 일이 있었나요?"

"아니요. 오히려 아무 일이 없었지요. 하나님이 명하신 대로 방주도 만들고 동물들도 다 방주로 들어갔는데 홍수는커

녕 아무 일이 일어나지 않는 겁니다. 아마 '이게 뭐야, 정말 홍수가 나긴 하는 거야?'라고 마음이 흔들리는 사람도 있었을 테지요."

"왜 홍수가 일어나지 않은 건가요?"

"문제는 홍수가 일어나는 시점입니다. 노아 가족과 동물들이 방주로 들어간 다음에도 칠 일간 아무 일도 일어나지 않았습니다. 아무 일도 없는데 방주 안에서 일주일을 지내야 했지요. 아마 사람들의 비아냥은 더 심했을 것이고 노아의 가족도 '우리가 뭘 잘못했나? 아직 끝내지 못한 일이 있나?' 별별 생각을 하며 힘들었을 겁니다.

다만 하나님이 약속하신 말씀과 자기들에게 이루어진 일, 예를 들면 동물들이 모여든 일 등을 기억하며 버텼을 것입니다. 이게 믿음이에요. 신앙생활은 뻔한 길을 가면서 즐거워하는 회전목마가 아닙니다. '이게 뭐지?'라는 의문이 계속 들지만 하나님의 말씀을 믿고 그 길로 가는 겁니다."

"칠 일이 지나서 드디어 비가 쏟아집니다. 놀라운 건 그때 '하나님께서' 방주의 문을 닫으셨다는 사실이에요. 방주의 문을 닫은 건 노아가 아닙니다. 그는 사람들의 비아냥이 듣기 싫다고 함부로 문을 닫지 않았습니다. 구원의 문은 마지막 순간에 하나님이 직접 닫으셨습니다. 비가 오기 직전까지도 열려 있던 그 문이 한 번 닫히자 다시 열리지 않았습니다.

7장 11절을 보면 그날이 2월 17일입니다. 그 후 사십 일 동안 밤낮으로 비가 쏟아졌습니다. 아무리 집중 호우라고 해도 그 정도로 내리지는 않지요. '그날에 큰 깊음의 샘들이 터지며 하늘의 창문들이 열려'라고 했는데 문학적 표현인지 실제로 그런 일이 일어났는지는 정확히 알 수 없습니다.

다만 7장 19절 이후를 보면 모든 산이 잠기고 그 위로 7미터나 더 물이 불어나 모든 생물이 다 죽고 맙니다. 불어난 물은 백오십 일 동안이나 땅을 뒤덮었습니다."

"이제 물이 빠져야 하는데 그냥 빠진 게 아닙니다. 하나님이 노아와 동물들을 기억하시고 바람이 불어 물이 줄게 하셨습니다. 갑자기 물이 확 줄어들게 하신 게 아니라 자연 현상인 바람을 통해 그렇게 하셨다고 합니다. 우리는 흔히 자연 현상을 자연적 인과 관계에 의해 일어난 일로 치부해버리곤 하는데 실은 그 안에도 하나님의 일하심이 있습니다.

이어서 8장 4절에 보면 백오십 일만인 7월 17일에 방주가 '아라랏 산'에 머물렀다고 했습니다."

"저도 그 이야기 들어봤어요. 그 산이 어디 있죠?"

"터키 동부에 있다고 합니다. 사람들이 그 산에 있는 오래된 나무 조각을 보고 노아의 방주 조각이라 이야기하기도 하는데 정확하지는 않습니다. 그게 우리의 기독교 신앙에 중요한 것도 아니고요.

대화로 푸는 성경

일 년이 지나 2월 27일이 되었을 때 땅이 다 말랐습니다. 그때 하나님이 노아에게 가족들과 함께 방주에서 나오고 짐승들도 다 나오게 하라고 하셨습니다.

9장 3절에 보면 이때 이후로 하나님이 짐승이나 새나 물고기를 열매나 채소처럼 사람이 먹게 하셨습니다. 성경에 의하면 사람에게 육식이 허락된 게 노아의 홍수 이후입니다."

주부들이라 그런지 사람이 육식을 시작하게 되었다는 부분을 흥미롭게 듣는 것 같았다.

"하나님이 노아에게 약속을 하셨습니다. 일종의 계약인데 성경에서는 이런 걸 '언약'이라고 합니다. 계약은 서로 원하는 걸 주고받으며 합의하에 이뤄지지만, 사람은 하나님께 뭘 요구해야 할지도 모르기에 하나님이 사람에게 '내가 너희를 위해 이것을 행하겠다'라고 일방적으로 약속하시는 거지요.

9장 11절에서 하나님은 다시는 홍수로 세상을 멸하지 않겠다고 약속하십니다. 그 약속의 증표로 무지개를 주시지요. 세상에 무지개가 처음 나타납니다. 아무리 비가 많이 와도 무지개를 보며 안심하라는 것입니다.

여기까지가 성경에 나온 노아의 홍수 이야기입니다. 그런데 이렇게 끝나면 그저 옛날이야기가 되지요. 이게 우리와 무슨 상관이 있느냐는 건데요. 노아가 홍수에서 구원을 받게 된 방주는 영어로 'ark'입니다. 상자 모양이었거든요.

나중에 이스라엘이 이집트에서 나왔을 때 하나님이 ark를 또 만들라고 하십니다. 그게 뭐냐면 십계명이 새겨진 돌판을 넣는 '법궤'입니다. 하나님의 말씀이 세상 죄악의 홍수로부터 이스라엘을 지켜준다는 의미지요. 혹시 영화 〈레이더스〉를 보셨어요?"

"예."

"아니요."

한 명은 보고 한 명은 보지 않았다.

"성경에 나오는 이야기를 모티프로 해서 만든 모험 액션 영화입니다. 거기에 법궤의 모양이 나오거든요. 상자 안에 십계명을 넣고 뚜껑을 덮는데 뚜껑에 천사 조각상이 쌍으로 있습니다. 천사의 날개가 뚜껑 가운데 지점에서 닿을 듯 말 듯 만들어져 있지요."

나는 패드에 직접 그렸다. 인터넷에 좋은 모형이나 그림들이 많은데 잘 그리지도 못하면서 왜 그렸을까 나중에 조금 후회했다.

"하나님이 법궤 뚜껑(속죄소)에 있는 천사 날개가 만나는 곳에서 이스라엘 백성을 만나고 그들의 죄를 사해주겠다고 약속하십니다. 그래서 이곳을 '베풀 시, 은혜 은, 장소 소' 자를 써서 '은혜가 베풀어지는 자리'라는 의미로 '시은소'(施恩所)라고 합니다. 이스라엘 백성이 만났던 구원의 방주였지요.

하나님은 이후 모든 민족, 모든 사람을 위한 방주를 준비

대화로 푸는 성경

하셨습니다. 바로 예수님입니다. 이제 우리 몸이 어떤 공간에 들어가야 구원을 얻는 일은 없습니다. 은혜가 베풀어지는 근원이 자리가 아니라 이름인 거지요. 세상 어디에 있든 예수님의 이름을 부르는 자는 구원을 얻을 것이라고 약속해주셨습니다."

도시와 탑의 발생 :
바벨탑

만남 10

낮은울타리의 초인종은 울리지 않는다. 고쳐보려고 아무리 힘을 써도 뚜껑이 안 열린다. 사실 별로 불편한 점이 없다. 오시는 분은 알아서 노크를 한다.

나는 모임 준비를 하다가 인기척을 느껴 현관문에 있는 어안렌즈로 밖을 봤으나 아무도 보이지 않았다.

'내가 이 모임을 너무 사모한 나머지 환청이 들리나?'

나중에 알고 보니 노크를 했는데도 반응이 없자 내가 아직 오지 않은 줄 알고 계단에서 기다렸다고 했다. 공교롭게도 내가 방에서 통화를 하던 때와 겹쳤거나 아니면 평소와는 달리 너무 조용하게 두드렸던 것 같다.

내가 들은 노크 소리는 정시가 넘어 이분들이 '목사님이 아직 오시지 않을 리가 없는데'라며 다시 두드렸을 때였다.

두 분이 들어오며 서로 대화했다.

"거봐, 안에 계시다니까. 안 오셨을 리가 없지."

대화로 푸는 성경

"초인종을 눌러도 인기척이 없으니까."

"저는 거의 두 시간 전부터 와있었습니다. 저도 인기척을 느껴서 봤는데 아무도 계시지 않던데요."

"계단에 있었어요."

"그러니 안 보이죠. 두드리고는 왜 계단으로 가셨어요?"

"안 계신 줄 알고…."

"아무튼 잘 오셨습니다. 커피 드릴까요?"

"예."

"저는 믹스커피 주세요. 정신을 차려야 하거든요."

내가 커피를 준비하는 동안 두 분의 대화가 이어졌다. 아이 키우는 엄마들의 이야기였다. 누구 집 아이는 성적이 어떻고, 누구 집 아이는 어느 학원에 다니고, 누구 집 아이는 학원비가 얼마나 되고, 누구 집 아이는 공부를 열심히 한다는 이야기 등등. 커피를 건넨 후 나도 커피를 들고 그들 곁에 앉았다.

"저도 아이 넷을 키우면서 한 명은 공부를 할 줄 알았어요. 그런데 아무도 하지 않는 거예요. 또 한 명은 악기를 전공할 줄 알았는데 아무도 하지 않았어요. 그런데 다들 예체능이라 학원비가 많이 들어 어떤 때는 슬슬 짜증이 나기도 해요."

"목사님도 그러세요?"

"저도 사람이고 아빠인데요. 어제도 딸들에게 짜증을 좀 냈어요. 그런데 방에 들어가서 생각을 해보니 제가 얘네들에게 사랑을 줄 수 있는 날이 몇 년 남지 않았다는 생각이 드는 거예요. 얼마 있지 않아 하나씩 제 품을 떠날 테니까요.

사실 공부가 잘 안되고 성적이 좋지 않으면 자기들이 가장 속상하겠지요. 해도 안되는 걸 어떡하겠어요? 어떻게 해야 할지 모르겠는 걸 어떡해요? 그래도 오직 부모만이 아이들을 받아주고, 귀하다고 말해줄 수 있는 존재잖아요. 우리가 그렇게 하지 않으면 세상의 누가 그렇게 해주겠어요? 그래서 딸들에게 사과했어요. 미안하다고. 전날 밤도 각자 스마트폰으로 드라마 보느라고 늦게 잤을 테니 아침에 늦잠 자라고 조용히 나왔지요. 아이들을 있는 그대로 좀 더 받아주세요."

'사랑해줄 수 있는 날이 얼마 남지 않았다'라는 말에 처음엔 '웬 드라마 대사 같은 표현?'이란 눈치더니 뒷이야기를 들으며 다들 표정이 진지해졌다.

"목사님의 이런 모습이 좋아요. 정장에 넥타이 매고 근엄한 표정이면 멀게 느껴질 텐데, 자녀양육으로 고민하는 것도 솔직하게 말씀해주시니까 훨씬 가깝게 느껴져요."

대화를 마치고 자리를 옮겨 앉았다.

"홍수 이후 한 사건이 있었는데요, 노아가 포도주를 먹고 하체를 드러낸 사건이에요. 그런데 아들 중 한 명인 함이 그것을 보고 형제들에게 알렸습니다. 뉘앙스가 단순히 정보 제공이 아닌 비난의 느낌입니다. 그랬더니 다른 형제 둘이 옷을 들고 뒷걸음을 쳐 아버지 노아의 하체를 가립니다. 나중에 이

대화로 푸는 성경

사실을 알게 된 노아가 아들들을 저주하기도 하고 축복하기도 합니다. 그 내용이 9장 25절부터 27절까지 나옵니다."

나는 화면에 말씀을 띄웠다.

이에 이르되 가나안은 저주를 받아 그의 형제의 종들의 종이 되기를 원하노라 하고 또 이르되 셈의 하나님 여호와를 찬송하리로다 가나안은 셈의 종이 되고 하나님이 야벳을 창대하게 하사 셈의 장막에 거하게 하시고 가나안은 그의 종이 되게 하시기를 원하노라 하였더라 창 9:25-27

"인류는 노아의 세 아들로부터 퍼지게 된 건데, 쉽게 말해 함은 아프리카계, 셈은 아시아계, 야벳은 유럽계로 생각하시면 됩니다. 하지만 너무 도식적인 구별은 옳지 않습니다.

앞서 노아의 세 아들을 소개하면서 함은 가나안의 아버지라고 했는데(창 9:18), 가나안은 지금 이스라엘이 있는 지역입니다. 어느 조상의 후손이든 대륙을 정해놓고 그 대륙 안에서만 살라는 법은 없으니까요. 그리고 오래전에는 현재의 대륙 모양이 아니었을 수도 있고요. 대륙이동설 아시죠?"

"예."

"오랜 시간이 지난 후 이집트에서 나온 이스라엘 백성이 가나안 땅에 들어가서 그 지역에 살던 가나안 민족들을 쫓아내거나 노예로 삼습니다. 노아의 예언이 이루어진 거죠. 주의할 것은 이 구절을 가지고 아프리카 흑인들을 짐승처럼 잡아 노예로 삼은 것을 정당화해서는 안 됩니다.

또한 한 민족이 전쟁을 통해 하나님의 심판의 도구 역할을 한 게 이스라엘뿐만이 아닙니다. 바벨론이나 페르시아 같은 제국은 여러 민족을 복속시켰는데요, 바벨론을 망하게 한 하나님의 심판의 도구가 페르시아였습니다. 페르시아의 첫 왕 고레스는 이스라엘 민족이 자기의 옛 땅 가나안으로 돌아갈 수 있도록 허락했지요.

창세기 11장 뒤편에 보면 족보가 나오는데요, 잘 보시면 사람들의 수명이 점차 짧아지는 게 보입니다. 노아 이전 시대에 사람들이 몇 살까지 살았는지 기억하세요?"

"구백 세요."

"네, 구백 세 넘게 산 사람들이 수두룩했지요. 그런데 노아 이후로 오백 세, 사백 세, 이백 세, 백 세 대로 떨어집니다. 아마 홍수 이후 자연과 기후의 변화가 영향을 준 것이 아닐까 유추할 뿐 자세한 이유는 모릅니다. 그런데 그걸 겪은 사람들의 입장은 달랐을 겁니다. 만약 수명이 급격히 줄어드는 일을 겪는다면 어떨 것 같은가요?"

"수명을 연장하기 위한 방법을 찾겠지요."

"요즘 같으면 의료 체계를 만들어 수명을 연장하려 할 텐데, 아주 오랜 옛날이니 일단 뭉친 다음 시스템을 만들자고 했을 것입니다. 그래서 나온 게 바벨탑입니다. 노아의 방주가 멈춘 곳이 어디라고 했는지 기억하세요?"

"아…라….

"네, 터키 서부에 있는 아라랏 산입니다."

나는 패드에 수학의 집합 기호같이 터키를 그렸다. 흑해를 표시하고 요즘 분쟁 지역인 우크라이나와 러시아에 병합된 크림반도를 대충 표시했다. 약간 오른쪽 아래로 아라비아반도를 그리고, 그 위로 티그리스 강과 유프라테스 강을 그렸다.

"아라랏 산에서 이동한 사람들이 메소포타미아 지역까지 왔습니다. 그리고 여기서 건축 혁명을 일으킵니다."

"예? 건축요?"

"아주 옛날에는 건축할 때 돌을 그대로 쓰거나 돌을 필요한 크기로 깎아서 사용했습니다. 나중에는 진흙과 짚으로 벽돌을 만들었지요. 그건 그냥 말린 것이지만 그 벽돌을 불로 구우면 돌처럼 단단해진다는 것을 알게 됐습니다. 덕분에 아주 멋있고 견고한 고대 건축물을 만들 수 있게 된 거죠. 그래서 그들이 한 말을 보세요.

11장 4절에 보면 '성읍과 탑을 건설하자'라고 합니다. 성읍은 사람들이 모여 사는 도시입니다. 이를 당연하고 자연스럽게 생각할 수도 있는데요, 하나님이 처음 사람을 만드실 때 '생육하고 번성하라, 땅에 충만하라'라고 하셨습니다. 노아 홍수 이후에도 하나님은 다시 '땅에 가득하라'라고 하셨고요. 골고루 퍼져 살라고 하신 거죠. 자연을 잘 관리하는 것은 아담 이후 인간에게 주어진 사명입니다.

그런데 4절 마지막에 보세요. '온 지면에 흩어짐을 면하자'라고 했습니다. 하나님 말씀대로 흩어져서 살기 싫다는 겁니다. 그러면 불편하고 힘이 없으니까, 하나님 말씀을 어기고 뭉쳐서 편하고 힘있게 살겠다는 겁니다.

지금 세상에는 그냥 도시가 아니라 '메트로'(대도시권을 뜻하는 'metropolitan'의 준말)라고 불리는 큰 도시 집단이 많습니다. 우리나라 수도권에도 2천만 명 넘는 사람들이 모여 살고 있지요. 메트로마닐라(필리핀의 마닐라를 중심으로 한 국가수도지역), 동경, 뉴욕, LA 등이 그런 곳입니다.

사람들이 이렇게 모여 살면 자연이 엄청나게 파괴됩니다. 자연의 자정이나 회복 작용이 일어나기 힘들고, 사람들은 에너지나 물자를 과잉 소비하게 됩니다. 그러면 자연은 더 파괴되는 악순환이 일어나죠.

그런데 이스라엘 백성은 성읍과 함께 탑을 만들자고 했습니다. 인간이 높은 건물을 쌓는다는 건 하나님이 계신 하늘같이 높은 자리에 오르겠다는 의지가 담겨있지요. 에덴동산 때와 같이 하나님처럼 되고 싶은 마음이 포기되지 않은 거예요.

에덴동산에서는 선과 악을 아는 것에서 하나님처럼 되고 싶어 했지만 이제 사람들이 모여 벽돌로 뭔가를 만들 수 있으니 물리적으로도 하나님처럼 높이 오르고 싶은 겁니다. 고대의 오벨리스크 아시죠? 태양 숭배의 상징으로 세워진 삐죽하게

대화로 푸는 성경

솟은 기념비요."

"예."

"이집트인들은 그렇게 높은 탑을 쌓아놓고 국왕의 공적을 새겨 넣었습니다. 4절 중간에 있는 것처럼 '우리의 이름을 내자'는 것이죠. 한마디로 인간의 허영과 교만을 가림 없이 드러낸 것이 바로 탑입니다.

요즘으로 하면 마천루가 되겠지요. 높은 빌딩에서 얼마나 많은 에너지와 자원이 낭비되는지 모릅니다. 언젠가 서울의 수십 층 고층 빌딩에서 사용하는 물의 양이 지방의 작은 도시에서 사용하는 물의 양과 비슷하다는 내용의 글을 읽은 적이 있습니다. 도시와 탑은 태생의 본질이 그렇습니다."

과잉과 파괴

"도시와 탑이 만들어지려면 사회 계층이 분화되고, 많은 사람이 강제 노동에 동원되며, 생존에 꼭 필요한 자원을 쓰는 수준이 아니라 과잉 소모를 넘어 자연과 환경 파괴가 일어납니다. 하나님을 거부하고 하나님께 도전하는 인간 군상은 그분이 지으신 자연도 어려운 마음 없이 파괴합니다.

게다가 이런 도시 생활이 사람들의 건강에도 좋지 않고요. 몸은 물론이고 마음까지도요. 사람들이 나이 들어서는 시골

생활을 하려고 하잖아요."

"그건 맞는 것 같아요."

"하나님은 이스라엘 백성의 이런 시도를 막으셨는데, 그 방법이 언어를 혼잡하게 하는 것이었어요. '바벨'이란 말이 '섞다, 혼잡하다'란 의미예요. 갑자기 서로 말이 통하지 않게 된 겁니다. 물을 가져오라는데 흙을 가져오면 더 이상 같이 일할 수가 없죠. 아마 마음까지 상했을 거예요.

결국 말이 통하는 사람들끼리 모여서 흩어지기 시작했고, 그들끼리 한 민족을 이루었겠지요. 천천히 사방으로 흩어져 세계적인 민족의 분포가 된 것 같아요. 항해술이 발달해서 신대륙을 발견하기 전의 모습으로요.

지금은 다시 전 세계적으로 도시화가 이루어지고 있으니 심각한 문제입니다. 자연도 인성도 파괴되고요. 오늘날 세계적인 고층 빌딩이 아마 예전의 바벨탑과 도시보다 훨씬 높고 도시 규모도 훨씬 크겠지만 하나님이 또 언어를 혼잡하게 하시지는 않을 것 같아요.

그런데 사람들의 마음에는 이미 하나님을 거부하고 대항하는 더 높은 탑과 더 큰 도시가 만들어져 있는 듯해요. 이젠 하나님의 최후의 심판이 있을 것입니다.

오늘은 여기까지 하겠습니다. 혹시 질문 있으세요?"

한 분이 조심스레 입을 열었다.

"저… 노아가 아들을 저주했다고 했는데 하체를 봤다는 걸

대화로 푸는 성경

로 아들을 저주하는 건 좀 이해가 되지 않는데요."

"질문해주셔서 감사합니다. 실은 준비하면서 언급할지 망설인 부분입니다. 사실 좀 이해가 되지 않지요. 혹시 경상도 욕 중에 '세가 만 발이나 빠질 놈아'라는 것 아세요?"

"알죠, 부산 사람인데."

질문한 사람은 이 말을 아는데 서울 출신인 분은 '이게 무슨 소리인가?' 하는 표정이었다. 바벨의 흔적이 작은 성경공부 모임에서도 발견됐다.

"옛날에 자식이 너무 속을 썩이면 부모가 자식을 향해 '세가 만 발이나 빠질 놈아'라고 하기도 했습니다. 여기서 '세'는 '혀'의 경상도 사투리이고, '발'은 사람이 어깨높이로 양팔을 벌렸을 때 이쪽 손가락 끝에서 저쪽 손가락 끝까지의 길이를 말합니다. 혀가 만 발이나 빠지면 어떻게 되겠습니까? 교수형을 당한 사람들이 혀뿌리가 빠진 모습으로 죽는다고 하거든요. 아무리 자식이 부모의 속을 썩였더라도 부모가 정말 자식의 혀가 그렇게 빠지길 바랄까요, 그렇게 처참하게 죽길 바랄까요? 아니죠.

그런데 다른 일도 아니고 자기 하체를 봤다고 그렇게 심한 저주를 하다니 이해가 되지 않죠. 더러는 이 내용을 가지고 부모는 자식 앞에서 술을 마시는 등 부도덕한 일을 하면 안 된다, 자식은 나가서 부모 흉을 보면 저주받는다는 식으로 가르치기도 합니다. 도덕적으로는 맞지만 그런 적용을 하는 것이 맞는지는 솔직히 의문입니다.

문헌에 보면 산업 혁명이 일어나기 전까지 사람들이 옷을 제대로 입고 다니지 못했다는 기록도 있거든요. 그러면 소위 4대 문명이 일어나기 훨씬 전이고 세상에는 노아와 그 가족밖에 없는 상황에 그들이 궁중 복식을 갖춰 입었을 리도 없으니 사실 서로의 벗은 몸을 자주 봤을 수도 있을 겁니다.

그래서 어떤 성경학자는 이 부분을 근친상간의 완곡한 표현으로 해석하기도 합니다. 성경에 보면 이스라엘이 하나님으로부터 받은 율법의 내용 중에 '네 어미를 범하지 말라, 그건 네 아비의 하체를 범하는 것이니라'라는 대목이 있습니다. 성경의 언어가 신랄하게 표현하는 부분도 있지만, 고대 문학으로서 완곡하게 표현했을 수도 있지요.

아무튼 우리는 노아가 저주를 하고 그 저주가 타당하게 여겨져 임할 만한 상황이 있었다는 것까지만 알 수 있습니다. 엄밀히 정확한 내용은 아무도 모릅니다. 다만 방주로 구원받은 노아의 집안도 거룩한 게 아니라 심히 복잡했다는 걸 보여주지요."

"목사님이 그렇게 말씀해주시니 좀 이해가 되네요. 고대 문학, 복잡한 어떤 상황⋯."

"예, 거기까지만 생각해주세요."

대화로 푸는 성경

조건과 자격 없음 :
아브라함을 부르심

만남 11

네 명의 사십 대 비신자 여성들과 주기적으로 만나서 성경을 공부하는 게 쉽지 않다. 보통 성경공부 모임은 '수요일 오전 10시'처럼 요일과 시간을 고정한다. 그러나 모두가 모일 수 있는 시간을 맞추고자 하기에 요일은 왔다갔다하지만 다들 오후엔 자녀를 챙겨야 하므로 오전에만 모인다. 주로 격주로 모이고 사정상 삼 주 만에 모이기도 한다.

코로나 초기엔 부산의 확진자가 서울이나 경기의 10분의 1 수준이었는데, 심할 땐 절반 수준에 육박했다. 2022년 3월 초가 되자 부산 시민의 13퍼센트가 확진되었다.

우리 가족은 두 아들이 군 복무 중이고, 막내딸은 기숙형 대안학교에 있다. 셋째만 학교에 다니고 나와 아내는 사람을 만나는 외출을 거의 하지 않았다. 나름 방역이 된 셈이다.

하지만 같이 공부하는 분들의 가정은 상황이 다르다. 한 분은 가족이 전원 확진되는 바람에 모임에 참석할 수 없었다.

나도 조심하느라 아침 일찍 낮은울타리에서 신속검사키트로 검사를 했고 다행히 음성이 나왔다. 그 소식을 단톡방에 올려서 오늘 모임이 가능하다고 알렸다.

온 가족이 확진을 겪은 분은 격리 기간이 끝나고 오늘이 첫 외출이어서 다음 모임에 참석하기로 했다. 남편은 평일인데도 출근하지 않아서 좋고, 온 가족이 어디 가지 않고 집에 모여 있으니 너무 좋았단다. 아이들도 특별히 아프지 않고 거의 무증상처럼 즐겁게 지냈다고 한다.

그런데 그 분만 정신을 차리지 못할 정도로 심하게 아파 계속 누워있어야 했고, 체중이 2킬로그램이나 빠졌다고 한다. 다들 너무 고생했다며 위로의 말을 전했다. 거의 한 달 만에 모여 코로나로 이야기꽃을 피웠다. 그리고 자리를 옮겨 공부를 시작했다.

아브라함을 공부하기 위해 창세기 12장 본문과 가나안 땅의 지형 설명을 위해 입체감이 있는 모형 지도를 준비했다. 다들 테이블 위에 놓인 모형 지도에 호기심을 드러냈다. 들어서 이리저리 보고 만지기도 했다. 생소한 지역의 지리 설명이 따분할 수도 있는데 관심 끌기에 성공했다.

시작하기에 앞서 질문을 던졌다.

"미국 대통령이었던 링컨의 '퍼스트 네임'(이름)을 아세요?"

"아브라함."

대화로 푸는 성경

"예, 맞습니다. 아브라함은 성경에 나오는 이름입니다. 오늘부터 한동안 아브라함이란 사람에 대해 공부할 겁니다. 아브라함은 창세기 11장 마지막 부분에 처음 언급되는데 본격적으로 그에 대한 이야기가 나오는 건 12장부터입니다.

이 사람의 원래 이름은 '아브람'이었습니다. '아브람'은 '존귀한 아버지'라는 뜻입니다. 그런데 하나님이 '아브라함'이라는 새 이름을 주셨습니다. 그 이름의 뜻은 '많은 민족의 아버지'입니다. 창세기 11장 마지막 부분에 보면 아브라함이 원래 어디에 살았는지 나옵니다. '갈대아인의 우르'라고 되어 있지요. '우르'는 티그리스 강과 유프라테스 강 하류에 위치한 고대 도시였습니다.

이스라엘의 한 전설에 의하면 아브라함은 금속 세공사였습니다. 당시 금속 세공사는 우상이나 장신구 등을 만들어 팔았어요. 그런데 그의 아버지 데라가 살던 지역을 떠나 가나안으로 온 가족을 이주시키려 한 것입니다.

우르에서 가나안까지 직선으로는 올 수 없었습니다. 유프라테스 강이 가로막고, 그걸 넘어서는 아라비아 사막이 있었기 때문입니다. 유일한 길은 티그리스와 유프라테스의 사이를 따라 상류 쪽으로 갔다가 멀리 돌아가는 길뿐이었는데, 데라와 그의 식구들은 상류에 있는 '하란'이란 도시에 이르러 거기에 정착했습니다.

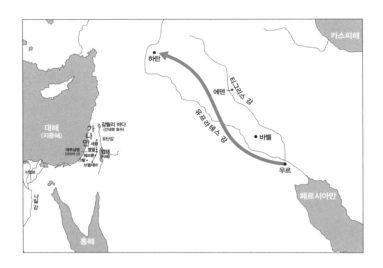

그때 하나님의 말씀이 아브라함에게 임했습니다. 그의 인생에 갑자기 하나님이 쑥 들어오신 것입니다. 그 내용이 창세기 12장 1절부터 3절까지입니다.

우리나라도 조선시대에 부산에서 한양에 가려면 한 달씩이나 걸렸고 돌아올 때도 마찬가지였습니다. 그동안 별일이 없었을까요?"

"호랑이에게 잡아 먹히기도 했겠죠."

"예, 험한 짐승도 만나고 도적 떼를 만나는 위험을 감수해야 했습니다. 같은 나라에서도 먼 길을 가면 위험한데, 고대사회에서 아주 먼 길을, 그것도 다른 민족이 있는 곳으로 가는 것은 심하게 말하면 자살행위나 다름없었습니다.

　　　　　　　　　　　　　대화로 푸는 성경

인적이 드문 광야 같은 곳에서 도적 떼를 만날 수도 있고, 목적지에 도착하더라도 그 지역 토박이가 이방인을 나쁘게 보고 죽이고 노략질할 수도 있기 때문입니다."

"그러네요."

"그런데 아브라함은 자신의 안정적 직업을 버리고 잘못하면 죽을 수도 있는 위험한 길로 모험을 떠납니다. 이유는 단하나, 하나님의 말씀 때문이었지요. 다른 사람도 하나님 말씀을 같이 들었을까요?"

"아뇨."

"예, 다른 사람은 모르고 아브라함만 아는 주관적이고 신앙적인 경험이었습니다. 그는 자신이 들은 하나님의 말씀을 근거로 자신의 지역, 자신의 직업, 자신의 친지를 떠나 한 번도 가보지 않은 생소한 땅인 가나안으로 떠난 것이죠. 주변 사람들이 이런 아브라함을 향해 뭐라고 했을까요?"

"미쳤군."

"예, 정말 그랬을 겁니다. 그만큼 위험한 일이었으니까요. 그런데 아브라함은 자신의 인생에 '갑자기, 쑥' 들어온 하나님의 말씀을 순수하게 받아들였습니다. 이걸 '믿음'이라고 합니다. 그런데 여기 중요한 점이 있습니다. 하나님이 아브라함의 어떤 자질이나 조건을 보고 그를 부르셨나요?"

"아니요."

"하나님은 아무 조건 없이 그의 인생에 다가가 말씀을 주신 것입니다. 어느 날 갑자기 하나님의 존재가 다가오고, 하나님의 말씀이 내 귀에 들리고, 하나님의 존재가 믿어지는 겁니다. 이건 사람이 간절히 소망하거나 단호한 결심을 해서 되는 일이 아니라 어느 순간 갑자기 하나님이 하시는 일이에요. 하나님이 아브라함의 인생에 그렇게 들어가셨듯이 우리 인생에도 어느 날 갑자기 다가오십니다."

고민과 고생

"이스라엘 땅은 아시아와 아프리카와 유럽이 만나는 곳에 자리하고 있습니다. 지리적으로 엄청난 요충지입니다. 이 말은 곧 전쟁에 늘 휘말리는 곳이라는 거죠. 아프리카의 이집트가 세력을 키우면 당연히 아시아 쪽으로 밀고 올라올 것이고, 아시아에서 바벨론이든 페르시아든 제국이 생기면 당연히 이스라엘을 거쳐 아프리카로 내려갑니다. 그런 땅에 아브라함이 들어간 거예요.

12장 6절에 보면 이미 그 땅에는 사람들이 살고 있었습니다. 아브라함이 들어가서 빈 땅을 마음껏 차지한 게 아니라 땅을 차지할 수 없는 나그네가 된 것입니다. 6절에 아브라함이 가나안 땅에 들어가 처음 방문한 지명이 나옵니다. 어디인가요?"

"세겜이요."

"맞습니다. 이 지도에서 세겜을 한번 찾아보시겠어요?"

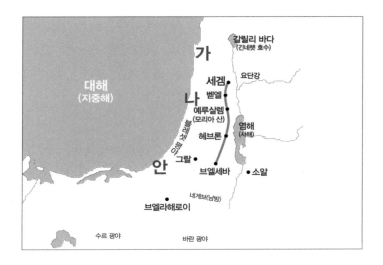

예상대로 금방 찾지 못했다. 사실 우리나라 지도에서도 입이나 귀에 익숙하지 않은 소도시를 찾는 건 쉽지 않다. 기독교인에게는 우리나라 지도만큼 익숙한 가나안 지도지만 비신자에게는 아프리카나 남미에 있는 이름 모를 어느 나라처럼 멀게 느껴질 것이다. 내가 지도에서 세겜을 가리켰다.

"가나안 해안가에 블레셋 평야라고 된 곳 보이시죠?"

"예."

"성경에 이스라엘과 계속 전쟁하는 민족이 나오는데 바로

'블레셋'입니다. 지금의 '팔레스타인'이지요. 지금도 블레셋 평야
는 '가자 지구'라고 해서 팔레스타인 사람들이 살고 있습니다.

　아브라함은 비옥한 평지로 내려가지 못하고 마치 우리나라
의 태백산맥처럼 약간 동쪽으로 치우쳐 남북으로 이어진 해발
700 - 1,000미터에 이르는 산지에 자리를 잡습니다. 그곳이
바로 세겜입니다. 아래 8절에 보면 다음으로 옮긴 장소가 나
옵니다. 찾아보시겠어요?"

　"벧엘이요."

　'벧엘'이란 지명이 나오자 다른 분이 아는 척을 했다.

　"아, 벧엘! 저 알아요. 길거리에 보면 가끔씩 벧엘이 있어요.
피아노 학원 이름에도 있고."

　"맞습니다. 간판에 종종 벧엘이란 글씨를 볼 수 있습니다."

　"그런데 벧엘이 무슨 뜻인가요?"

　"히브리어로 '벧'은 '집'이란 뜻이고, '엘'은 '하나님'이란 뜻입
니다. '하나님의 집'이란 의미지요. 예수님의 출생지인 '베들레
헴'도 '벧'과 '레헴'이 합쳐진 말인데요, '레헴'은 '떡'이란 의미니
까 '베들레헴'은 '떡집'이란 뜻입니다. 요즘 말로 하면 '빵집' 또
는 '베이커리'가 되겠네요."

　"빵집 이름으로 좋겠네요."

　"다음 장소인 벧엘을 지도에서 한번 찾아보시겠어요?"

　역시 금방 찾지는 못했지만, 아브라함이 머물렀던 세겜을
중심으로 지도를 보고 벧엘을 찾았다.

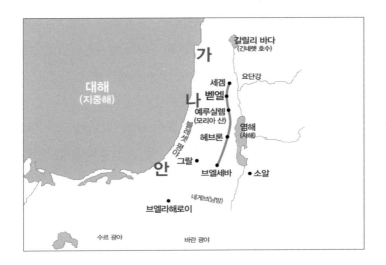

"잘 찾으셨습니다. 세겜과 벧엘이 지도에서 파란 줄로 연결되어 있죠?"

"예."

"이것이 아브라함과 족장들이 목축하며 이동했던 경로입니다. 주로 산등성이를 타고 오르락내리락했지요. 창세기에 나오는 지명들이 주로 이 선에 걸쳐져 있습니다. 아브라함이 하나님의 말씀을 믿고 가나안 땅에 들어가 살게 되었으니 좋은 일이 일어났을까요?"

"예, 그럴 것 같아요."

"그랬으면 좋겠는데 안타깝게도 아닙니다. 우리 인생이 그렇게 쉽고 답이 뻔하면 이미 많은 사람이 자원해서 기독교인이 되었을 겁니다. 기독교인이라고 다 좋은 일만 겪고 사는 것도 아니고요. 아브라함이 하나님의 약속의 말씀을 믿고 가나안 땅에 들어가서 처음 겪은 일은 아이러니하게도 '기근'이었습니다.

10절에 보면 기근이 심해서 그 땅에 살 수 없을 정도였다고 합니다. 친지들과 자리 잡고 잘 살고 있는 사람에게 하나님이 말씀하셔서 아브라함은 순수하게 믿고 왔는데 어려움을 당한 것이죠. 하나님을 따르는 삶이 마냥 행복하기만 한 건 아닙니다. 고민도 있고 고생도 있습니다. 그런 인생을 사느라 신음소리를 내고 눈물을 흘리기도 합니다. 그럼에도 하나님을 향한 신뢰를 저버리지 않는 게 진짜 신앙이죠. 맹목적 신앙이 아닌 인격적 신앙입니다.

아브라함은 '하나님, 이게 뭡니까?'라고 원망하거나 '내가 잘못 들은 것을 괜히 우겨서 가나안으로 오자고 했나?'라고 후회하지 않았습니다. 그도 인간이니 분명 개인적 고민은 있었을 겁니다. 그러나 성경에 노골적인 불만 표현이 없습니다. 그저 그 안에서 살길을 찾기 위해 애썼습니다. 주어진 공간과 시간 안에서 하루하루를 살아가는 우리와 똑같지요. 아브라함의 이야기는 바로 우리의 이야기입니다."

남편 맞아? 신앙인 맞아?

"아브라함이 가족과 함께 이집트로 갈 때 보통 사람으로서는 이해할 수 없는 일을 아내에게 제안합니다. 아브라함의 아내가 아주 예뻤던 모양이에요. 당시에는 여인이 예쁘면 결혼을 했더라도 남편을 죽이고 그 여인을 차지하는 못된 일을 자행한 것 같아요. 그래서 아브라함은 아내에게 '누가 우리의 관계를 묻거든 당신은 나의 누이라고 하라'라고 했습니다.

아브라함이 곡식을 얻기 위해 이집트로 가자 예상대로 그곳에 '예쁜 여자가 나타났다'라고 소문이 났습니다. 이 소문은 이집트의 고관들에게도 퍼져나갔지요. 고관들은 심지어 왕 앞에서도 예쁜 여자가 나타난 이야기를 했습니다. 남자들이란, 기근 중에 참 너무하죠?"

"그러네요. 그런데 정말 이뻤나 보네요."

"글쎄요. 확인할 방법이 없는 데다 그때의 미의 기준과 지금의 기준이 다를 수 있으니 너무 기대는 하지 마시고요.

여기서 이집트 왕의 이름을 '바로'라고 했습니다. 성경에는 수백 년이 지난 뒤에도 계속 바로가 나옵니다. 그건 바로가 '파라오'로 왕의 이름이 아니라 왕의 호칭이기 때문입니다. 몽골에서 왕을 '칸'이라고 부른 것처럼요. 그래서 수백 년이 지나도 계속 바로가 나오지만 같은 사람이 아니라 다른 왕입니다."

"그렇군요."

"바로가 아브라함의 아내를 궁으로 불렀습니다. 12장 16절에 보면 바로가 아브라함을 후대하고 양과 소와 노비와 나귀와 낙타를 제공했다고 했습니다. 여인의 오라비에게 결혼 예물을 준 거죠. 문제는 그다음에 일어났습니다.

하나님이 바로와 그 집에 큰 재앙을 내리신 겁니다. 그 재앙이 어떤 것인지는 알 수 없습니다. 분명한 것은 이집트를 다스리는 바로도 부인하거나 대응할 수 없을 정도로 무서운, 신에 의한 재앙이 드러났다는 것입니다.

바로가 아브라함을 불러서 '왜 나를 속였느냐? 당장 네 아내를 데리고 가라'라고 호통을 쳤습니다. 바로가 명했으니 신하들도 순순히 내보낼 수밖에요.

그래서 아브라함은 이집트를 내려간 덕분에 재산을 많이 챙겨 나오게 됐습니다. '안되는 놈은 뒤로 넘어져도 코가 깨지고, 잘되는 놈은 앞으로 넘어져도 뭐든 안고 일어선다'라고 합니다. 이건 아브라함에게 좋은 일이었을까요?"

"글쎄요."

"하나님의 말씀을 듣고 고향과 친지까지 버리고 객지로 간 아브라함이 기근을 만나자 하나님께 아무것도 여쭙지 않고 제 살길을 찾아 이집트로 내려간 모습이 좀 실망스럽게 보입니다. '그래도 재물을 많이 얻었으니까 됐어'가 아니지요. 아내를 빼앗길 뻔했고, 실은 위기를 당하자 자기 아내를 판 것과 마찬가지였으니까요. 하나님께 순종하여 가나안에 들어

대화로 푸는 성경

온 아브라함과 금방 먹을 것을 찾아 이집트로 내려간 아브라함이 같은 사람인가 싶을 정도입니다."

"좀 실망스럽네요."

"성경에 나오는 사람이면 기근을 만났을 때 '하나님, 어떻게 할까요? 여기 있을까요, 아니면 식량이 있는 이집트로 갈까요? 하나님의 뜻을 가르쳐주세요'라고 했을 것 같은데 약속의 땅을 떠나 이집트로 가버렸습니다. 물론 아브라함에게도 말 못 할 고민이 있었겠지만요.

이게 바로 우리의 모습이죠. 어떤 때에는 아주 종교적이고 도덕적인 모습을 보이다가도 위기와 이익 앞에서 이전과는 완전히 다른 기준과 원칙으로 생각하고 행동하는 것이 인간입니다. 하나님이 아브라함에게 명하시고 아브라함은 순종해서 고향과 친지를 떠나는 것을 보면서 우리는 '역시 아브라함이야, 나는 그렇게 못할 텐데, 하나님이 택하실 만해, 복 받을 만해'라고 생각하지만 지금 보니까 어떠세요?"

"좀 그렇네요."

"아브라함이 아주 종교적이거나 도덕적인 사람이어서 하나님이 택하실 만한 자질이나 자격이 있는 사람이 아니었다는 겁니다. 하나님은 자질이 있는 사람을 부르시는 것이 아니라 아무런 조건 없이 갑자기 부르셔서 그 사람을 그렇게 만들어 가세요. 그래서 은혜죠. 저와 여러분도 마찬가지고요."

인간적 서운함과 하나님의 위로

"이집트에서 나온 아브라함이 간 곳은 네게브입니다. 지도
에서 네게브를 찾아보시겠어요?"

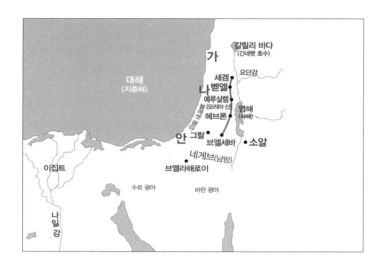

함께 고개를 숙이고 지도를 보던 분들이 네게브를 찾았다.
"여기 있네요."
"잘 찾으셨습니다. 네게브는 히브리어로 '광야' 또는 '남쪽'
이란 의미입니다. 강수량이 너무 적어 사람이 거의 살 수 없는
지역이지요. 아마 아브라함은 브엘세바에 머무르지 않았을까
싶습니다. 여기가 사람이 살 수 있는 최남단이거든요. 그리고

대화로 푸는 성경

이 네게브 지역을 지나 원래 지내던 벧엘 부근으로 왔습니다. 어떤 경로로 왔을까요?"

사람들은 앞서 아브라함의 이동 경로로 설명했던 산지의 파란 선을 기억하고 그 선 위에 있는 벧엘을 잘 찾았다. 짧은 시간이지만 같이 공부하는 분들이 조금이나마 이스라엘의 지리에 익숙해지는 것이 감사했다.

"아브라함이 가나안으로 올 때 조카인 '롯'이란 사람이 따라왔습니다. 그런데 두 사람의 재산이 많아지면서 충돌이 생겼습니다. 지역에서 먹을 수 있는 풀의 양은 한정되어 있는데 두 사람이 소유한 가축이 더 많았기 때문입니다. 원래 거주민도 있는데 말이지요.

상황이 이렇자 아브라함이 조카인 롯을 불러 따로 살자고 하면서 선택권을 그에게 줬습니다. '네가 저쪽을 택하면 나는 이쪽으로 가고, 네가 이쪽을 택하면 나는 저쪽으로 가겠다'라고요. 삼촌이 이런 제안을 하면 조카가 어떻게 해야 할까요?"

"당연히 삼촌이 먼저 택하시도록 해야죠."

"그러게 말입니다. 그런데 아브라함의 조카는 그러지 않았습니다. 지금 아브라함과 조카가 어디 있다고 했지요?"

"벧엘이요."

"예, 벧엘이 여기 있습니다."

나는 지도에서 벧엘의 위치를 다시 가리켰다.

"벧엘은 높은 지역이어서 주변을 살피기에 적합했지요. 조카 롯이 주위를 둘러보고 냉큼 좋은 위치를 택했습니다. 벧엘 위쪽에 낮고 좁은 지역이 보이시죠? 여기가 요단강이 흐르는 곳입니다. 지대가 낮고 농사짓기에도 좋은 곳이지요. 창세기 13장 10절을 읽어주시겠어요?"

"이에 롯이 눈을 들어 요단 지역을 바라본즉 소알까지 온 땅에 물이 넉넉하니 여호와께서 소돔과 고모라를 멸하시기 전이었으므로 여호와의 동산 같고 애굽 땅과 같았더라."

"롯이 벧엘에서 소알까지 바라봤다고 했습니다. 소알이 어디 있냐면…."

사해 아래쪽 소알을 가리켰다.

"벧엘에서 엄청 멀리까지 봤지요? 제가 이스라엘을 방문해서 볼 기회가 있었는데 정말 이 산지에서 동쪽으로는 요단 건너 요르단이 보이고, 서쪽으로는 지중해가 보입니다. 제가 별로 시력이 좋지 않은데도 말이지요. 당시에는 공기 오염도 없고 시력도 좋았을 테니 더 잘 보였겠지요. 게다가 자기가 살 땅을 고르는 일이었으니 얼마나 주의를 기울여 봤겠습니까.

그런데 여기에 묘한 표현이 나옵니다. '소돔과 고모라' 이야기 아세요?"

"잘은 모르지만…."

"하나님이 불을 내려 심판하시는 바람에 세상에서 사라진 도시입니다. 그 도시가 어디 있었냐면 바로 사해 남쪽 끝부분입니다. 여기 사해 남쪽에 소알이 보이시죠? 학자들은 소돔이 이 부근이었을 것으로 예상합니다. 지금은 사해이고 광야 비슷한 곳인데 그때는 에덴동산처럼 멋진 곳이었던 모양입니다. 조카 롯은 냉큼 동쪽인 요단 지역을 택하겠다고 했습니다. 참 싹수가 없죠?"

"그러네요."

"삼촌이 먼저 택하라고 했더라도 조카라면 '삼촌이 먼저 택하십시오' 해야 할 텐데 말입니다. 롯은 동쪽으로 옮겨간 후 가만히 있지 않고 더 좋아 보이는 남쪽으로 내려가 멸망의 도시인 소돔까지 갔다고 했습니다. 조카 롯을 떠나보낸 아브라함의 마음이 어땠을까요?"

"안 좋았을 것 같아요."

"좀 괘씸하게 생각했을 것 같아요."

"네, 아브라함도 우리와 똑같은 사람이니까 그랬을 겁니다. 마음이 허전하기도 하고, 배신당한 느낌도 들었겠지요. 속상해서 하나님께 기도했는지도 모릅니다. 그때 하나님이 말씀하셨습니다. 14절부터 17절까지 읽어주세요."

"롯이 아브람을 떠난 후에 여호와께서 아브람에게 이르시되 너는 눈을 들어 너 있는 곳에서 북쪽과 남쪽 그리고 동쪽과 서쪽을 바라보라 보이는 땅을 내가 너와 네 자손에게 주리니 영원히 이르리라 내가 네 자손이 땅의 티끌 같게 하리니 사람이 땅의 티끌을 능히 셀 수 있을진대 네 자손도 세리라 너는 일어나 그 땅을 종과 횡으로 두루 다녀보라 내가 그것을 네게 주리라."

"하나님이 아브라함의 속을 아시고, 그를 위로하십니다. '너 있는 곳에서 사방을 바라보라. 보이는 땅을 너와 네 자손에게 주겠다. 너는 그 땅을 종과 횡으로 두루 다녀보라'라고 하셨지요.

롯은 소돔에 가서 가만히 정착하고 살지만, 아브라함은 계속 가나안 땅을 왔다갔다합니다. 18절에 아브라함이 '헤브론' 이란 곳에 거주하게 되었다고 합니다. 지도에서 한번 찾아보시겠어요?"

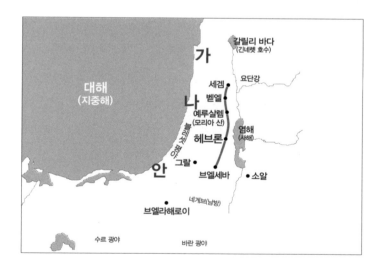

대화로 푸는 성경

"여기 있네요."

"예, 잘 찾으셨습니다. 아브라함은 파란 선을 따라 계속 움직였다고 말씀드렸지요. 그는 헤브론을 거점으로 삼고 가축들을 먹이기 위해 이 선을 따라 왔다갔다하며 살았습니다. 그 땅을 두루 다니게 된 거지요."

전쟁의 소용돌이

"목축지에 남은 아브라함은 아브라함대로, 도시로 들어간 롯은 롯대로 행복하게 살면 좋겠는데 세상살이가 그렇지 않죠. 성경에 처음으로 등장하는 전쟁이 바로 창세기 14장에 나옵니다. 이쪽 연합국과 저쪽 연합국 간에 큰 전쟁이 일어났지요. 하나님이 택하신 땅이라는 가나안에서 말입니다. 아무리 하나님이 택하신 땅이며, 하나님이 인도하시는 길이라 해도 타락한 세상을 사는 동안 전혀 예상하지 못했던 크고 작은 어려운 일이 일어납니다."

막 기독교에 관심을 가지고 성경공부를 시작한 분들에게 하나님의 인도를 받아도 어려움이 있다는 이야기를 하는 건 솔직히 쉽지 않다. '이 이야기를 할까 말까? 한다면 어디까지 해야 할까?'라는 생각이 몇 번이나 오락가락했다.

사실 성인이 되어 예수님을 믿게 된 사람들 중 '모델하우

스가 블링블링한 걸 보고 입주했는데 살다 보니 속은 느낌이다'라고 말하는 사람이 적지 않다. 예수님을 믿으면 다 좋고, 다 잘될 줄 알았는데 교회에 다니고 보니 그렇지 않다는 것이다. 게다가 '내가 뭘 잘못하고 있나? 내가 빠뜨린 뭔가가 있는 건가? 나도 새벽부터 밤까지 모임에 참석하고 열심히 봉사해야 하나?'라는 생각을 하게 만든단다.

그게 성경이 가르치는 내용이나 복음의 핵심이 아니니까 이분들에게 정직하게 첫 단추를 꿰고 싶었다. 그동안 계속 그런 색깔을 보여서일까, 이분들은 전혀 놀라지 않고 아주 태연하게 들었다.

"아마 지금 사해 부근에 있던 소돔과 고모라가 속한 5개 도시국가가 저 위쪽 시리아 지역에 있던 4개 국가를 십여 년간 섬기다가 배반했던 것 같습니다. 그래서 위쪽 4개국 연합군이 중간에 있는 족속들을 복속시키면서 소돔과 고모라가 있는 5개국 지역까지 왔습니다.

14장 3절에 보면 이들이 전쟁을 하기 위해 지금의 염해에 모였다고 했습니다. 사해 부근에서 전쟁이 벌어진 거죠. 10절에 보면 사해 부근에 역청 구덩이가 많았다고 했습니다. 역청은 진흙입니다. 지금도 사해에 가면 관광객들이 거의 예외 없이 머드팩을 할 정도로 유명합니다. 저도 성경지리답사를 하던 중 사해에서 머드팩을 해봤는데 피부가 좀 달라진 느낌이

더라고요. 이집트의 클레오파트라가 사해의 진흙으로 머드팩을 했다는 이야기도 있습니다."

"그래요?"

"기회가 있으면 이스라엘을 한번 방문해보십시오. 사해에서 머드팩도 해보시고요. 좋은 화장품도 있습니다."

"정말 가보고 싶어요."

여성들이라 그런지 미용에 관한 이야기가 나오니 더 이상 먼 나라 이야기가 아니었다.

"성경에 나온 최초의 세계대전에서 4개국 연합군이 승리했습니다. 소돔과 고모라를 포함한 5개국 연합군은 패퇴했는데 그 진흙 구덩이에 빠져 참패했지요. 4개국 연합군은 5개국의 재물을 노략하고 사람들을 포로로 잡아갔습니다. 아브라함의 조카 롯과 그 가족도 함께 끌려갔어요. 이 소식을 들은 아브라함이 어떻게 했을까요? '삼촌도 몰라보고 냉큼 좋은 땅을 차지하더니 벌받았구나' 그랬을까요?"

"구하러 갔을 것 같은데요."

"예, 그런데 이건 단순히 도움을 주는 일이 아닙니다. 목숨을 걸고 또 다른 전쟁을 해야 했지요. 아브라함은 밉상인 조카 롯을 구하기 위해 목숨을 걸고 쫓아갔습니다. 게다가 가까운 거리도 아니었지요. 가끔 중동 지방에 관련된 뉴스가 나올 때 특파원이 '다마스커스'에서 소식을 전한다고 하는 말을 들어보셨을 겁니다. 성경에 '다메섹'이라고 나온 곳입니다. 아브라함은 그곳까지 수백 킬로미터를 쫓아간 것입니다.

하루이틀 길이 아니었을 텐데 참 대단하지요. 더 기적 같은 일은 아브라함과 동행한 300여 명의 사람들이 4개국 연합군을 물리쳤다는 거예요. 어떻게 이겼는지는 성경에 나오지 않습니다. 이는 이순신 장군이 12척의 배로 133척의 왜군에 맞서 싸워 승리한 명량 대첩만큼 기적이죠. 하나님이 도와주시지 않으면 있을 수 없는 일입니다."

"아브라함은 4개국 연합군이 전리품으로 챙겼던 모든 재물과 사람들을 데리고 돌아왔습니다. 그다음이 중요한데요. 아브라함이 돌아왔을 때 멜기세덱이란 사람이 아브라함을 맞습니다. 그는 하나님을 섬기는 제사장이었지요.

제사장 멜기세덱이 아브라함을 축복했고 아브라함은 전리품의 10분의 1을 그에게 주었습니다. 이것이 '십일조'의 시작입니다. 십일조는 율법으로 시작된 것이 아니라 아브라함의 자원에 의해 시작된 거지요.

그때 소돔 왕도 함께 아브라함을 맞았는데요, 그가 아브라함에게 파격적인 제안을 합니다. 전리품은 아브라함이 다 가지고 백성만 돌려달라는 것입니다. 전쟁에서 승리하면 패배한 국가에게 어마어마한 배상금을 요구하는 법이죠.

아브라함은 사실 자기 싸움도 아닌데 목숨을 걸고 싸웠으

　　　　　　　　대화로 푸는 성경

니 대가를 받아야 마땅합니다. 그런데 요구하기도 전에 다 주겠다고 하니 얼마나 솔깃한 제안입니까? 조카에게 양보한 복을 이제야 받는 것일까요? 여러분 같으면 어떡하시겠어요?"

"좋을 것 같은데, 글쎄요."

"아브라함은 거절합니다. 실제 들어간 전쟁 경비만 받겠다고 하지요. 그러면서 '소돔 왕이 준 재물 때문에 내가 부자가 되었다는 말을 듣기 싫다'라고 말합니다. 그리고 그들과 헤어집니다."

일방적 약속

"아브라함이 사람들 앞에서 소돔 왕이 준다는 많은 재물을 거부하고 돌아서는 모습은 정말 폼이 났습니다. 그러나 폼만 났을 뿐입니다. 아브라함이 자기의 집으로 돌아왔을 때 어떤 마음이 들었을까요? 그도 우리와 똑같은 사람인데 말입니다."

"받지 않은 걸 후회했을까요? 조금 허탈했을 것 같기도 하고요."

"아마도 그랬겠죠. 그도 사람이니까요. 자기들을 구했다며 환호하던 그 땅의 사람들도 없어지고 자기 땅 한 뼘 없는 나그네의 자리로 돌아갔을 때 아브라함도 허전했을 겁니다. 하나님이 그 마음을 아시고 다시 나타나셨어요. 전에 조카 롯이 좋은 땅을 차지하고 떠났을 때도 아브라함을 위로하셨던 하나님이 비슷한 타이밍에 또 나타나셨지요. 아브라함의 마음을 헤아려주신 하나님은 참 좋으신 분이시죠?

만약 하나님이 아브라함의 마음만 헤아려주셨다면 이걸 성경에 기록할 필요가 없었을 것입니다. 성경은 성경의 위인들을 부러워하라고 읽는 책이 아니라 그들을 향한 하나님의 관심과 사랑이 성경을 읽는 우리에게도 향해있다는 걸 증거하는 책이니까요."

"하나님은 '내가 너의 상급'이라고 하셨습니다. 전리품을 얻지 않은 아브라함에게 하나님께서 전리품이 되어주시겠다는 겁니다. 또 하나님은 '내가 너의 방패'라고 하셨습니다. 이게 참 묘한 정치적 역학인데요. 아브라함이 가나안 주민들을 구하긴 했지만 이젠 가나안 주민들이 아브라함을 가나안 산지를 떠도는 유목민 정도로 생각하지 않는 겁니다. 언제든지 자기들에게 위협이 될 수 있는 사람으로 인식한 거죠. 아브라함도 눈치가 있으니 그런 분위기를 감지했을 겁니다.

하나님은 아브라함의 이런 불편함을 헤아리시고 '내가 너의 방패가 되어주겠다, 내가 너를 지켜주겠다' 말씀하신 겁니다. 아브라함의 마음속 깊은 곳에 있는 불안과 두려움을 건드리신 거죠. 하나님은 그런 분이십니다.

하나님이 이렇게 말씀하시자 아브라함은 자기에게 가장 중요하고 심각한 소원을 하나님께 솔직하게 아룁니다. 그에게 가장 심각한 문제는 자식이 없다는 것이었지요. 고대 사회에서 아들은 너무도 중요한 부분이잖아요? 그런데 아브라함에게는 아들이 없었습니다. 아무리 재산이 많고, 전쟁에서 이겨서 영향력이 크고, 하나님이 지켜주신다고 해도 아쉽기도 하고 속상하기도 한 부분이었습니다.

하나님은 그런 아브라함에게 자손을 약속하셨습니다. 창세기 15장 6절에 보면 아브라함은 하나님이 말씀하시면 그대로 순수하게 믿었습니다. 하나님은 그걸 기뻐하셨고, 아브라함의 의로 여기셨지요. 기독교의 의는 사람이 얻어내는 게 아니라 하나님이 부여해주시는 것입니다. 그래서 처음 기독교를 접한 사람들이 이 개념에 적응하기가 좀 어렵습니다.

하나님은 또 가나안 땅을 줄 것이라 약속하셨습니다. 자손을 주시겠다고 할 때는 순순히 믿었던 아브라함이 이번에는 그걸 어떻게 알겠느냐며 하나님께 여쭈었습니다. 증거를 요구한 것입니다. 일종의 계약서 같은 거죠.

이에 하나님은 제물을 가져오라고 하셨습니다. 아브라함 시대의 계약은 지금 우리가 하는 것처럼 문서로 이루어지지 않았습니다. 우선 제물을 잡아 반으로 쪼갭니다. 그리고 계약의 당사자가 그 쪼개진 제물 사이로 함께 지나갑니다. 이것은 계약을 위반하면 이 제물처럼 죽임을 당하게 될 것이라는 의미로 당시의 계약은 목숨을 건 맹약이었죠. 아브라함이 제물을 준비해서 반으로 쪼개면 누가 그 사이로 지나가야 합니까?"

"아브라함과 하나님이요."

"그런데 제물 사이로 지나간 건 하나님뿐이었습니다. 창세기 15장 17절에 보면 '타는 횃불이 쪼갠 고기 사이로 지나더라'라고 했습니다. 하나님이 불의 모습으로 나타나셔서 혼자 지나가신 겁니다. 이게 하나님이 하신 계약의 아주 독특한 부분이지요.

하나님이 아브라함을 앞에 불러놓고도 그렇게 하신 이유가 있습니다. 예수님을 믿는 사람들이 기도할 때 '이렇게 하겠다, 저렇게 하겠다' 약속을 많이 합니다. 하지만 그 약속을 제대로 지키는 사람은 몇이나 될까요?"

"많이 없을 것 같은데요."

"예, 맞습니다. 사람은 감히 하나님과 약속을 했더라도 연약해서 지킬 수가 없습니다. 쪼갠 고기 사이로 지나갔다간 얼마 지나지 않아 죽임을 당해야 할 것입니다. 그래서 하나님이 혼자만 지나가신 것입니다. 하나님은 죽지 않는 분이시니까 생명을 담보로 한 게 아니라 존재를 걸고 약속을 지키겠다고 하신 거지요. 그 모습을 보면서 아브라함은 정말 감격했을 것입니다.

하나님이 아브라함에게 하신 약속은 모든 믿는 자에게도 유효합니다. 하나님을 믿는 사람은 영적으로 아브라함의 자손이라고 전에 설명했습니다. 그들은 물리적인 가나안 땅을

대화로 푸는 성경

얻는 게 아니라 천국을 얻게 됩니다. 어떻게 천국을 얻을 수 있을까요?"

"하나님이 주셔서요?"

"예, 사람은 천국을 얻을 수 있는 계약의 행위를 할 능력이 없습니다. 오직 하나님이 하셨던 약속을 지키시기 때문에 사람이 천국을 얻을 수 있습니다."

1

내가 코로나로 자가격리를 마친 후 첫 모임을 가졌다. 역시 대
화의 주제는 코로나 확진이었다.

"목사님도 드디어 유행을 타셨네요."

"예, 저도 이 시대의 평범한 한 사람이니까요. 그런데 그 대가가
너무 크네요."

"너무 확산되어 누구를 통해 걸렸는지 알 수가 없어요."

"저도 백신 덕분에 잘 견딘 것 같은데, 하루 잠 못 자고 끼니 거
르고 일 보다가 기온이 많이 오른 날 얇은 니트만 입고 외출했
는데 갑자기 등이 서늘한 거예요. 아마 면역력이 떨어져서 그랬
던 것 같아요."

"맞아요. 저도 하루 무리했더니 그날부터 이상해졌거든요."

대화는 어디가 어떻게 아팠는지로 이어졌다.

"목사님은 어디가 아팠나요? 저는 열이 오르고 온몸의 마디가
다 쑤시고 아파서 꼼짝을 못 했어요."

"저는 열은 없었어요. 처음엔 인후통이 있었는데 그냥 계속 목
이 말라 물을 마시는 정도였고, 심각했던 건 먹지 못하고 자지

못하는 거였어요."

"잠을 못 잤다고요? 저는 계속 잠만 잤는데요."

"사람마다 다르게 오나 봐요. 자고 싶고, 자야 시간이 빨리 가는데 밤이고 낮이고 자지 못해 더 힘든 시간을 보낸 것 같아요. 거울을 보고는 제가 제 얼굴에 놀랄 정도였으니까요."

"지금도 얼굴이 좀 안돼 보이긴 하세요."

"많이 좋아진 겁니다. 체중도 많이 빠졌고요. 제가 부산에 내려올 때 거의 85킬로그램이었거든요."

"예? 그렇게 보이지 않는데요."

"제가 좀 빵빵했습니다. 여러분들 처음 만날 때 다이어트를 해서 75킬로그램까지 내려갔는데, 아들들이 휴가를 나와 같이 이것저것 먹고도 78킬로그램 정도로 유지했거든요. 그런데 격리 마치고 일주일이나 지나고 좀 먹기 시작했는데도 아직 75킬로그램이니 격리 중에는 더 빠졌었겠지요."

"그래서 지금은 괜찮으세요?"

"아직도 식욕이 없어요. 배는 고픈데 먹고 싶은 게 없고, 먹어도 꼭 모래를 씹는 느낌이라 맛있게 먹질 못합니다. 오늘 아침도 입맛을 돋우려 딸기 몇 개 먹었는데 더 못 먹겠더라고요."

"저는 한 달 지나니 원래대로 돌아온 것 같아요."

"예, 그렇게 보이십니다. 지난 모임 때는 얼굴이 수척해 보였거든요."

"그때 성경공부 마치고 집에 가서 잠시 드러누웠어요. 다른 일이 있어 외출해야 했는데 그냥은 못 나가겠더라고요."

"잘 회복하셨다니 다행입니다. 저도 후유증이 빨리 끝났으면 좋겠습니다. 아무튼 다들 아프지 마세요."

2

지난 모임 때 아내가 쓴 책 《사랑하려고 산다》를 선물했다. 물론 아내의 사인을 받아서. 다들 "저희가 사서 사인을 받아야 하는 것 아닌가요"라며 고맙게 받아갔다. 그 책 이야기가 이어졌다.

"목사님에 대해서 좀 놀랐어요."

"예? 왜요?"

조금 불안한 표정으로 그 이유를 물었다.

"책에 목사님이 공황장애를 아주 심하게 앓으셨다고 해서요. 전혀 그렇게 보이지 않는데."

"공황장애가 그런 면에서 힘든 병이지요. 겉은 너무 멀쩡해서 공감을 얻지 못하니까요. 저도 한창 심할 때는 '차라리 뼈가 부러져 침대에 누워있으면 동정이라도 얻을 텐데'라는 하소연도 했습니다."

"저도 약간 공황이 올 때가 있어서 목사님 마음 이해합니다."

"아, 그러세요? 너무 힘드시겠네요."

"실내에 있을 때는 빨리 바깥으로 나가서 천천히 심호흡을 해요."

"맞습니다. 답답하다고 빨리 숨을 쉬면 과호흡으로 더 좋지 않다고 하더라고요."

"그런데 목사님은 왜 공황장애에 걸리셨어요?"

"완벽하게 다 챙기려는 욕심이 그렇게 만든 것 같아요. 사람이 그럴 수 없는데 말이죠. 저는 젊은 나이에 수도권 중형교회 담임이 되어서 잘하려고, 실수하지 않으려고 너무 신경을 썼던 것 같아요. 사람들을 다 잘 챙기고 도우려는 '엔젤 컴플렉스'도 있었고요. 그러니 집에 오면 녹초가 됐지요. 아빠를 반기며 딸들이 안겨 오는 것도 귀찮을 정도였어요. 아이들을 떼어내고 방문을 닫고 들어갔죠. 그걸 보는 아이들과 아내의 마음이 얼마나 서운했을지 지금 너무 후회가 돼요."

"맞아요. 너무하셨어요. 저희는 엄마 입장이니까 사모님 마음이 십분 이해돼요. 책을 읽는데 눈물이 나오더라고요."

대화 중에 잘 끼지 않는 분도 입을 뗐다.

"저는 책을 받은 그날 집에 가서 바로 다 읽었어요. 저도 눈물이 많이 나오더라고요."

"제가 나쁜 놈입니다. 아이들이 어릴 때는 답이 뻔하잖아요. 그러니까 '너는 이렇게 해', '너는 저렇게 해'라고 지시를 했지요. 그때 아이들의 상태를 묻고 정서를 들어주고 맞춰주지 못한 것이 후회가 돼요. 이제 회개한 거죠."

"사모님이 혼자 얼마나 힘드셨을까요."

"돌아보니 너무 미안한 마음입니다. 이제는 아이들에게 답을 주는 게 아니라 물어보려고요. 사실 그 답이 정답도 아닌데 말입니다. 아내가 혼자 긴 시간 그 역할을 해준 것이 너무 고맙고 미안합니다. 아내를 늘 보면서도 왜 제가 진작 배우지 못했는지 모르겠습니다."

"그런 면에서 '사랑하려고 산다'라는 제목이 너무 좋아요. 정말 사랑할 시간이 별로 없는 것 같거든요."

"예, 사랑은 우리를 살아가게 하는 힘이고 이유인 것 같아요."

3

"목사님, 전도해도 되나요?"

나는 귀를 의심했다. 비신자의 상태에서 격주로 겨우 시간을 맞춰서 성경공부를 하는 분이 '전도'를 말하다니.

"전도요? 좋지요. 생각하시는 분 있나요?"

"예, 아는 언니인데 약간 공황장애 같은 증상이 있어서 제가 같이 노래 배우자고 해서 배우고 있거든요."

"노래 좋지요. 제가 자가격리로 힘들어하고 있을 때 어떤 글을 봤는데, '마지막으로 노래한 게 언제인가? 마지막으로 춤을 춘 게 언제인가?'였어요. 생각해보니 저는 중고등학교 때부터 찬

송가와 복음성가만 불렀던 것 같아요. 옛날에 '길보드 차트'라고 리어카에서 최신 유행곡이 흘러나오면 후렴만 겨우 알아듣는 정도였거든요. 노래방에 가도 가곡만 불러서 같이 간 사람들이 중간에 재미없다고 꺼버렸어요. 춤은 초등학교 때 주일학교에 다니면서 율동한 게 마지막인 것 같고요. '인생 잘못 살았구나' 하고 반성했습니다. 같이 노래 배우는 것 참 좋은 것 같아요. 그런데 그 언니분을 전도하고 싶으세요?"

"예, 같이 성경공부를 하면 좋을 것 같아서요."

"많이 전도해주세요. 저는 이런 모임을 더 만들고 싶거든요. 비신자들이 편하게 성경을 배우고 질문도 할 수 있는 모임요. 그래서 이름이 '낮은울타리'예요."

다른 한 분이 불쑥 말했다.

"그럼 저희 남편도 좀 만나주세요."

"좋지요. 그런데 남자들이 숫기가 없어서 만나고 이야기하는 걸 너무 힘들어해요."

"그러게요."

"먼저 부부 동반으로 이웃처럼 만나서 얼굴을 익히고 대화를 좀 하고 나면 어색한 게 덜할 수 있을 것 같아요."

"기회를 만들어야겠네요."

"예, 만들어주세요. 저는 남자들 만나는 것 좋아합니다. 사실 남자들이 자기 속을 들여다볼 시간도 없이 바쁘게 사니까요. 어느덧 나이 들고 아이들이 독립할 때 지난날을 후회하면서도 그조

차 표현하지 못하는 게 남자예요. 남자들이 보통 술의 힘을 빌려 자기 이야기를 하곤 하는데, 좀 더 일찍 인생 이야기, 속 이야기를 할 수 있는 대상과 기회가 필요한 것 같아요."

주변 사람들을 만나달라는 이야기가 나오다니 그동안의 수고가 헛되지 않았구나 싶었다. 누군가 내 가슴을 쓸어내려 주고, 등을 토닥여 주는 느낌이었다. 감사했다.

문제 없는 가정 없다 :
아브라함의 첩과 서자

만남 12

모임 장소인 낮은울타리를 청소하고 간식을 준비한 후, 모이
는 이들과 가족 이름까지 부르며 기도하고 있을 때 초인종이
울렸다. 한 분이 들어오고, 그 분을 위해 커피를 내릴 즈음 또
한 분이 오셨다. 다 모일 때까지 다과를 들며 사는 이야기를
나누었다.

　우크라이나 전쟁으로 곡물 가격이 오를 것이니 사료 관련
주식이 오른다는 이야기, 코로나 거리두기가 4월 말쯤 많이
완화되면 다시 모임이 활발해지며 맥주를 마시고, 노래방도
갈 테니 관련주가 오를 거라는 이야기가 오갔다. 큰 금액은
아니지만 주식 투자를 하고 있으니 뉴스를 볼 수밖에 없다고
한다.

　"같은 뉴스를 봐도 완전 다른 적용이 되는군요. 저는 뉴스
를 보면 그게 다 기도제목이 되는데요. '하나님, 우리나라가
분열되지 않게 해주세요. 우크라이나 전쟁이 그치게 해주세

요. 부산에 일자리가 많이 생기게 해주세요. 청년들이 부산을 떠나지 않게 해주세요'라고 기도하거든요."

"그러니까 목사님이죠. 하하."

늦게 오신 분이 빵을 사오셨다. 멀리서 오시는데 일부러 빵집까지 들른 모양이었다.

"목사님, 이제 간식은 저희가 돌아가면서 준비하겠습니다. 준비하지 마세요."

"있는 것 내놓는 건데요. 또 성경공부 할 때 간식하라고 어떤 분이 과자를 사주셨어요."

"조금 나이가 있으신 분인가 봐요. 과자 종류를 보니….."

"예, 조금 있으십니다. 그래도 커피 마시며 먹기엔 딱이잖아요."

"맞아요."

"오늘은 아브라함의 복잡한 집안 이야기를 하겠습니다. 앞에 보면 하나님이 아브라함에게 자손에 대한 약속을 하시잖아요. '하늘의 별을 셀 수 있느냐? 네 자손이 별처럼 많게 될 것이다', '네 자손이 이집트에 가서 고생할 것이다.'

그런데 별처럼 많은 건 고사하고 아브라함에겐 자손이 하나도 없었어요. 자손이 이집트에 가서 고생한다는 말에 마음이 아플 자식조차 없는 거예요. 아브라함이 하나님으로부터 들은 말씀을 자기 아내에게도 이야기했겠지요. 그러나 자식

　　　　　　　　　　　대화로 푸는 성경

이 없으니 누구 속이 더 탔을까요?"

"아내요."

"그렇겠죠. 우리나라도 옛날에 여인이 아기를 낳지 못하면 마치 죄인 취급을 받았던 적이 있잖아요. 이 지방도 그런 분위기가 있었습니다. 그래서 아브라함의 아내는 여종 중 하나를 첩으로 들여 자녀를 얻을 생각을 합니다. 그녀의 마음이 어땠을까요?"

"참 속상했을 것 같아요."

"네, 아브라함의 아내는 결국 남편에게 이집트 출신 여종을 첩으로 들이라고 합니다. 아브라함이 가나안에 들어왔을 때 기근이 들어 이집트로 간 적이 있지요? 기억나세요?"

"예."

"그때 이집트 왕 바로가 어찌어찌하다가 아브라함에게 재물을 줬다고 했는데 아마 노예도 같이 줬을 겁니다. 그중 하나가 아니었을까 생각합니다.

아브라함의 아내 입장에서는 건강한 아들을 얻기 위해 젊고 건강하고 총명한 종을 선택했겠지요. 그런데 남편 아브라함의 태도를 보십시오. 이스라엘이 자랑스러워하는 믿음의 조상이라면 '여보, 많이 힘들지? 그래도 하나님이 약속하신 게 있으니까 기다려보자' 해야 하지 않겠습니까? 그런데 아브라함이 어떻게 했나 보세요.

창세기 16장 2절 말미를 보면 '아브람이 사래의 말을 들으니라', 앞 문장 사이에 쉼표도 없이 그냥 아내의 말을 들었어요."

"정말 쉼표도 없네요. 너무하네요. 남자들이 이런 말은 너무 잘 들어요. 하기야 거절할 이유가 없었겠죠."

"이때가 아브라함이 가나안 땅에 들어온 지 십 년이 지났을 때였습니다. 사실 나그네의 삶으로 너무 긴 세월이지요. 그런데 자식을 주신다는 약속만 있고 나이는 계속 들어가니 아브라함 부부도 답답했을 것입니다.

그렇게 아브라함이 이집트 출신 여종 하갈과 동침했고 하갈이 임신을 했습니다. 그러면 불임의 원인이 누구에게 있었다고 생각할 수 있습니까?"

"아브라함의 아내에게요."

"네, 아브라함의 아내는 첩의 임신 소식을 듣고 먼저는 자책했을 것 같습니다. 자기가 문제였다고요. 얼마나 속상했을까요?"

"많이 힘들었을 것 같아요."

"임신 소식을 듣고도 마음껏 기뻐할 수도 없었을 것입니다. 그런데 더 속상한 일이 생깁니다. 임신한 첩이 사라를 멸시한 것입니다. 주인의 자식을 가졌으니 그런 마음을 먹게 된 거지요."

"사라가 남편을 원망했습니다. '당신이 도대체 첩에게 어떤 신호를 줬기에 정실인 나를 업신여길 수가 있어요?'라고 한 거죠. 만약 아내가 이런 항의를 하면 남편이 어떻게 해야 할까요?"

"가장으로서 질서를 잡아줘야죠."

"그런데 아브라함은 그러지 않았습니다. '당신의 여종이니 당신 마음대로 하라'는 식으로 말합니다."

"예? 진짜요?"

"좀 실망스러우시죠?"

"좀 의외인데요."

"현재도 이스라엘이 조상으로 여기며 자랑스럽게 여기고 기독교에서는 믿음의 조상으로 위인처럼 여기는 사람이지만, 성경은 그를 특별한 사람으로 포장하는 것이 아니라 그가 너무도 평범하고 연약하고 완전하지 못한 사람임을 드러냅니다. 그런 사람에게도 조건 없이 임한 하나님의 사랑을 증거하는 책이기 때문입니다.

이에 아브라함의 아내는 놀라운 반응을 보입니다. '네 주제를 알고 처신 똑바로 해라' 정도가 아니라 '학대'라는 단어를 쓸 정도로 임신부를 마구 대했던 모양입니다."

"예? 그것도 너무했네요. 성경에 나오는 내용이 좀 충격적인데요."

"그러게요. 거룩하거나 신비롭지 않고 너무 적나라하죠. 아마 하갈은 아브라함에게 큰 서운함과 배신감을 느꼈을지도 모릅니다. 문제는 더 심각해집니다. 학대를 못 견딘 하갈이 집을 떠나 도망을 간 거지요. 고대 사회에서 노예가 도망하면 어떻게 되는지 아세요?"

"어떻게 되는데요?"

"추노가 출동합니다. 고대 사회에는 사람들의 이동이 많지 않고, 신분은 고정적이었지요. 노예가 도망을 가도 숨을 곳이 마땅치 않아 금방 도망친 노예라는 티가 나기 마련입니다. 사실 하갈은 임신한 몸으로 대책 없이 도망간 거예요. 진짜 불쌍한 거죠. 그런데 하갈이 어디로 도망했을까요? 만약 여러분들이라면 어디로 가시겠어요?"

나는 내심 '친정이요'라고 할 줄 알았다. 그런데 의외의 대답이 나왔다.

"호텔이요. 속상한데 볼썽사납게 모텔에 갈 순 없잖아요."

"예?"

"친정에 가겠어요, 친구 집에 가겠어요? 뭐 소문낼 일 있어요? 남들 모르는 곳에 가야죠."

"아, 예⋯."

나는 다시 한번 질문했다.

"하갈이 어디 출신이라고 했죠?"

"이집트요."

"네, 아브라함의 천막은 주로 헤브론에 있었는데 하갈은 본능적으로 이집트로 향했습니다. 그곳으로 가도 반겨줄 사람은 없는데 말입니다. 바로가 아브라함에게 노예로 보냈는데, 다시 돌아오면 '잘 왔다'라고 환영할까요? 바로의 명성에 먹칠을 했다고 엄벌을 받겠지요.

게다가 이집트로 돌아가려면 사막을 지나야 했습니다. 임신부의 몸으로는 불가능한 일이었죠. 창세기 16장 7절에 보면 하갈이 술 길에 이르렀다고 했는데 여기서 술은 마시는 술이 아니라 히브리어로 '슈르', 곧 '장벽'이란 뜻입니다. 이집트와 가나안의 경계 지점이라는 거죠. 하갈이 거기까지 간 겁니다."

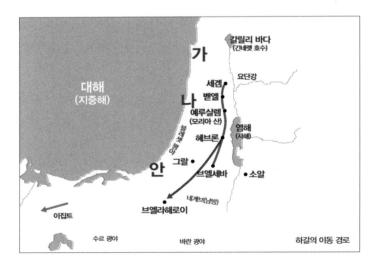

창세기   171

나는 지도에서 이집트와 가나안의 경계 지점을 가리켰다. 한 분이 말했다.

"하갈도 참 대단하네요."

제도 속에 담긴 의미

"하갈이 임신부의 몸으로 사막에서 이집트와 가나안의 경계 지역에 이르렀을 때, 놀라운 일이 생겼습니다. 천사가 그녀를 만나러 온 겁니다. 이게 성경의 놀라운 부분입니다. 이스라엘 사람들은 하나님이 자신들만 위하시고, 성경은 자신들을 위해, 자신들을 중심으로 쓰인 것이라고 생각하거든요.

그런데 아니잖아요. 사라도 천사를 만난 일이 없는데 곤경에 빠진 이방 여인 하갈에게 천사가 나타난 겁니다. 이는 성경이 처음부터 모든 민족을 위해 쓰였으며, 하나님의 은혜는 모든 사람을 향해 있음을 확인시켜 줍니다.

천사가 먼저 하갈에게 말을 겁니다. 천사는 지금 하갈이 어떤 형편이며 어디로 가는지 알까요, 모를까요?"

"알겠죠."

"그런데 천사가 뭐라고 물었는지 창세기 16장 8절 앞부분을 읽어주세요."

"사래의 여종 하갈아 네가 어디서 왔으며 어디로 가느냐."

"천사가 하갈을 부르는 호칭에서 그녀가 도망친 여종임이 드러납니다. 이미 다 아는 거죠. 천사는 하갈이 어디서 왔으며 어디로 가는지 다 알면서 물었습니다. 처음 보는 사람이 자기에 대해 정확히 말하니 하갈도 움찔했을 것입니다.

신약성경에서 예수님도 이렇게 대화를 시작하십니다. 환자가 병을 고치고 싶어서 예수께 나왔는데 '네가 낫고자 하느냐?'라고 물으셨지요. 환자가 불편한 몸을 이끌고 거기까지 왔으면 다른 이유가 있겠습니까? 그런데도 군이 질문하시는 겁니다. '네가 환자인 걸 인정하느냐? 나를 신으로 믿느냐? 내가 너를 낫게 할 것을 진정으로 믿느냐?'라는 의미지요. 자신을 직면하게 하고, 하나님을 직면하게 하는 질문입니다."

"천사의 질문에 하갈이 솔직하게 대답합니다. 자신은 여주인에게서 도망한 사람이라고. 이건 목숨을 건 대단한 고백입니다. 당시에 도망친 노예는 죽여도 상관이 없었으니까요. 천사 앞에 모든 걸 내놓은 거죠.

그런데 의외의 일이 또 벌어집니다. 곤경에 빠져 목숨을 걸고 대답하는 하갈을 향해 천사는 매정한 해결책을 제시합니다. '네 여주인에게로 돌아가서 그 수하에 복종하라'라고요. 학대를 견딜 수 없어 임신부의 몸으로 도망한 건데 다시 돌아가라니요. 게다가 '내가 여주인을 변화시켜서 괴롭지 않게 해줄게'가 아니라 '너는 여주인에게 복종하라'라니요."

"좀 그러네요."

"이 구절을 옛날 귀족이나 현재 기업주 등 기득권자의 입장에서 보면 자신들의 압제를 정당화시킬 수 있는 구절이 됩니다. '봐라, 하나님도 자신을 학대한 주인에게 돌아가 복종하라고 했다'라면서 말이죠. 반대로 옛날 노예나 현재 노동자 등의 입장에서 보면 성경은 기득권자를 옹호하는 종교가 되어 버리죠.

이처럼 성경은 선입견이나 다른 의도를 가지고 보면 아전인수격 해석을 하게 됩니다. 정말 위험한 책이 될 수 있어요. 그러니 자신의 입장을 내려놓고 하나님의 의도가 무엇일까를 고민하며 봐야 합니다."

"여기서 질문 하나 할까요? 하나님은 노예제를 찬성하실까요, 반대하실까요?"

"반대하시는 것 아닌가요?"

"그런데 성경에는 노예 제도를 철폐하라는 말씀이 없어요. 오히려 오늘 우리가 본 구절은 옹호하는 것같이 보이지 않나요?"

"그러네요."

"이 시대는 노예 제도가 없습니다. 그렇다면 모든 사람이 평등하고 자유로운가요?"

"아니요, 여전히 속박되어 있죠."

"예, 그러면 알 수 있죠. 인간의 제도가 답이 아니라는 걸. 노예제가 철폐되었지만 '계약'이라는 형식을 통해 실상은 여전히 상급자나 기득권자에 구속되어 있지요. 여기서 하나님의 독특한 방식을 발견해야 합니다.

우리 생각에는 100명의 사람에게 똑같이 100만 원씩 주면 평등할 것 같아요. 그런데 하나님은 누구에게는 1,000만 원을 주고 누구에게는 10만 원을 주시는 거예요. 그리고 뭔가를 기대하시는 거죠. 그게 뭐냐면 1,000만 원 가진 자가 '내가 가진 게 필요 이상으로 많구나. 주변에 어려운 사람이 없나?' 하고 돌아보고 찾는 겁니다. 그리고 10만 원 가진 자를 발견하고 자기 것을 나누고 도와주는 겁니다.

그럼 무슨 일이 생기느냐? '관계'가 만들어집니다. 받은 사람은 자기를 도와준 사람에게 감사하고 그 사람을 좋아하게 되고, 준 사람은 주는 것도 기쁜 일인데 고맙게 받아주니 더욱 감사하고, 무슨 일 있으면 한 번 더 돌아보게 됩니다.

또 받은 사람은 '하나님, 저 고마운 사람이 하는 일이 잘되게 도와주세요. 나아가 저도 누군가를 도울 수 있게 해주세요'라고 기도하고, 준 사람은 '하나님, 저 가난한 사람이 용기를 잃지 않고 살아가게 도와주세요'라고 기도하는 거죠.

자기가 벌어 자기만 먹는 사회에는 관계가 생기지 않습니다. 인간이 이상적으로 고안한 공산주의 사회의 맹점이죠. 하나님은 사회와 인간의 설계자이시니 '관계'가 최고의 사회 안전망이란 걸 인간이 깨닫길 바라시는 거죠."

"듣고 보니 정말 그러네요."

"신약성경에 주인의 재물을 훔쳐 도망친 노예에 대한 이야기가 나옵니다. 그가 복음을 듣고 자신의 실상을 고백했어요. 그러자 그에게 복음을 전한 사람이 역시 예수님을 믿는 그 노예의 주인에게 노예를 변호하는 편지를 써줍니다. '그를 형제처럼 대해주라'라고 당부한 그 편지를 들고 노예가 주인에게 돌아갑니다. 주인은 노예를 죽여 마땅하지만 그를 예수님의 사랑으로 대해줍니다. 신분은 여전히 노예이지만 학대하지 않았지요.

그 후 노예가 어떻게 처신했을까요? 자신을 죽여야 할 주인이 인격적으로 대우해주니 더 성심껏 섬기지 않았겠습니까? 주인도 그의 진심을 보고 마음이 풀려 더 잘 대해주었겠지요.

성경에 의하면 사회의 특정 제도 자체가 답이 아니라 우리 모두의 주인이신 하나님을 생각하며 서로 사랑하고 존중하는 태도를 갖는 것이 중요하다고 말합니다.

하지만 제도가 무익한 것은 아닙니다. 정치가들은 더 좋은 사회를 만들기 위해 최소한의 제도를 만들고 보완할 의무가 있습니다. 그게 자신들의 일이니까요."

대화로 푸는 성경

각자의 복은 따로 있다

"천사가 하갈에게 매몰찬 이야기만 한 것은 아닙니다. 하갈이 아들을 낳을 것인데 그 자손들이 크게 번성할 것이라고 약속했습니다. 여기서 주목할 세 가지가 있습니다.

첫째는 '내가 번성하게 하리라' 하신 말씀입니다. 하나님이 하갈의 아들을 통해 큰 민족을 일으키시겠다는 겁니다. 민족의 흥망성쇠가 하나님의 주관하심 속에 있음을 알 수 있지요. 이 민족이 바로 아랍 민족입니다. 중동 지방에서 엄청 번성한 민족이 되었지요.

둘째는 '네 씨'라는 표현입니다. 보통 이런 경우 '아브라함의 씨'라고 해야 할 것 같은데, 천사는 '네 씨' 곧 '하갈의 씨'라고 했습니다. 이걸 잘 기억해두세요. 나중에 이게 얼마나 중요한지 다시 말씀드리겠습니다.

셋째는 하갈이 낳을 아들의 이름을 '이스마엘'로 미리 지어주신 것입니다. 이건 정말 흔치 않은 일이거든요. 이스마엘의 뜻은 '하나님이 들으신다'라는 의미입니다. 이스마엘이 '아브라함의 씨'로 인정받지 못하더라도 그건 메시아로 이어지는 하나님의 구원 계획의 혈통이 아니라는 것이지 하나님의 구원 대상에서 제외된다거나 태어나서는 안 될 자식이라는 의미가 아닙니다. 이건 성경을 볼 때 아주 중요한 시각입니다."

"설명을 잘해주시는 것 같은데, 엄청 복잡하네요."

"13절에서 하갈이 하나님에 대한 신앙고백을 합니다. 하갈도 자기 주인 아브라함이 혼자 나가서 제단을 쌓고 제사 지내고, 돌아와서는 하나님이 이런저런 말씀을 하셨다는 이야기를 들었겠죠. 그런데 주인이 만난 하나님께서 이집트 출신이고 노예인 자기를 만나주신 겁니다.

하갈이 '내가 어떻게 여기서 나를 살피시는 하나님을 뵈었는고?'라고 했죠? 이 말은 '아브라함이 말한 하나님이 정말 살아계신 신이구나, 내가 감히 내 주인의 하나님을 만나다니' 또는 '하나님이 노예인 나를 만나주시다니' 이런 의미입니다.

그래서 하나님을 향해 '나를 살피시는 하나님'이라고 고백하지요. 살아계신 하나님을 경험한 사람들은 자기만의 고백이 생길 수밖에 없습니다. 없다고 생각했던 분을 생생하게 경험했으니까요.

하갈은 천사의 말대로 아브라함의 집으로 돌아갔습니다. 이후 구체적인 내용은 없지만 사라에게 가서 싹싹 빌었겠죠. 하갈이 복종하는 태도를 보이니 사라도 마음이 너그러워졌을 겁니다. 하나님이 말씀하시면 '열려라, 참깨'처럼 모든 게 그냥 해결되는 게 아니라 사람이 감당할 몫과 과정과 시간이 있습니다. 하나님이 우리 인생을 그렇게 만드셨거든요."

"쉽지 않지만, 그래도 잘됐네요."

"시간이 흘러 하갈이 출산을 했습니다. 천사의 말대로 아들

을 낳았지요. 여기서 또 중요한 포인트가 있습니다. 천사가
이 아들의 이름을 뭐라고 지어줬나요?"

"이스마엘이요."

"예, 그걸 누가 들었나요?"

"하갈이요."

"아브라함도 들었나요?"

"아뇨."

"그런데 창세기 16장 15절에 이스마엘이란 이름을 누가 붙
여준다고 나옵니까?"

"아브라함이네요."

"이게 하나님이 일하시는 질서입니다. 하갈이 '내가 천사로
부터 들었으니 아들의 이름은 이스마엘이야'라고 하며 이름을
붙일 수 없어요. 아무리 아들을 낳은 엄마지만 족장이 인정한
이름을 붙여주는 것이 고대 사회의 질서니까요.

하갈이 아브라함에게 자기가 천사를 만나고 돌아오게 된
자초지종을 말했겠지요. 족장인 아브라함이 그걸 수용했고,
그 아들의 이름을 '이스마엘'로 불러주었기에 이스마엘이 되었
습니다."

"아, 또 그런 부분이 있네요."

"이 이야기를 들으니 어떠세요?"

"오늘은 좀 의외예요."

"예? 어떤 면에서요?"

"성경에 좋은 이야기만 나오는 줄 알았더니 엄청 복잡한 이야기도 나오는군요."

"네, 하나님의 택함을 받은 아브라함 역시 특별한 사람이 아니라 너무도 평범한 사람이며, 그 가정도 너무 복잡하고 문제가 많았다는 걸 포장하지 않은 채 솔직히 말하고 있죠. 그래서 하나님의 은혜를 우리도 기대하게 되는 겁니다."

대화로 푸는 성경

만남 13

약속 시간보다 조금 일찍 도착한 분이 내게 질문했다.

"목사님, 일요일에 예배를 드리기 시작하면 빠지지 않고 참석해야 하나요?"

나는 그 분이 왜 이런 질문을 했을지 고민했다.

"편하게 하세요."

"그래도 되나요?"

"그래서 낮은울타리예요. 들락날락하기 편하라고요."

"하하, 그런 뜻이었어요?"

"이제까지 일요일에 교회에 가지 않고 살아왔고, 가족과도 시간을 보내셔야 하잖아요. 그런데 갑자기 가족이 다 집에 있는 일요일 오후마다 시간을 빼기가 쉽겠어요? 어쩌다 가족 여행도 하실 테고."

"그러니까요."

"다 생각하고 있으니 너무 부담 갖지 않으셔도 됩니다."

"감사합니다."

"너무 더운 여름엔 다 같이 쉬자고 할 거예요."

"그래도 되나요? 낮은울타리라서 좋네요."

"신앙생활을 마음 편하게, 행복하게 해야지 매이듯이 하면 서로가 힘들죠."

"부담을 덜어주셔서 감사해요."

질문의 의도를 잘 파악하고 답을 한 것 같아 안도했다. 이제 겨우 마음 문을 열고 성경공부에 참석하는 사람에게 직분자 수준을 요구하면 안 될 것 같았다.

지난 시간에 이어서 아브라함의 이야기를 시작했다.

"아브라함이 구십구 세에 하나님이 나타나셨습니다. 기독교를 처음 믿는 분들은 예배 때마다 하나님이 나타나셔서 신도들의 기도를 들어주시고, 원하는 일을 해주시고, 어떤 결정을 할지 답도 주시는 걸로 생각할 수 있는데, 그렇지 않습니다. 만약 그렇다면 모든 사람이 예수님 믿겠다고 달려들걸요. 교회에 입장하려면 번호표 뽑고 기다려야 할 겁니다."

"그럴지도 모르겠네요, 하하."

"예배는 피조물로서 구원받은 인간이 창조주인 하나님 앞에 당연히 해야 하는 반응입니다. 아브라함도 마찬가지였지요. 그가 하나님 앞에 제사할 때마다 하나님이 나타나셔서 뭐라고 말씀하신 게 아니었습니다. 그는 꾸준히 하나님 앞에

할 도리를 했을 뿐입니다. 하나님도 아무런 말씀 없이 그를 지켜보고 계셨습니다. 사실 인간으로서는 조금 답답한 시간이지요. 아브라함이 구십구 세에 나타나셨으니 그도 정말 오랜만에 하나님을 만난 겁니다. 낮은울타리 예배도 아마 그럴 거예요.

창세기 17장 1절에 보면 하나님이 아브라함에게 성경에서 처음으로 스스로를 '전능한 하나님'이라고 소개하십니다. '전능한'이라고 하면 우리는 '슈퍼 파워'를 생각합니다. 그런데 이 의미는 '출산한 산모의 젖이 불어 아기에게 얼마든지 먹일 준비가 되었다'라는 뜻입니다.

엄마의 품은 아기에게 전부이고 모든 것이 완벽한 곳이죠. 하나님은 지금 '나는 힘이 세다. 그러니 내 앞에 꿇어'라고 말씀하시는 게 아닙니다. '내가 아브라함과 그런 관계를 맺고, 그런 공급을 하는 존재다'라고 말씀하신 겁니다."

"전혀 그런 느낌이 아닌데 실은 다정한 표현인 거네요."

"예, 엄마의 품처럼 따뜻한 표현인 거죠."

"그렇다면 이 말 다음에 나오는 '너는 내 앞에서 행하여 완전하라'라는 표현도 조금 다르게 받아들여야 합니다. 아브라함은 하나님 앞에 완전한 사람이었을까요? 세상에 하나님 앞에서 단어 의미 그대로 '완전'한 사람이 있을까요?"

"아니요."

"우리가 앞에서 봤듯이 아브라함도 인간적으로는 부족함이 있는 사람이었습니다. 그런데 하나님이 그에게 '완전하라'라고 요구한 것입니다. 갑자기 엄격한 점검 분위기를 만드시는 걸까요?"

"그건 아닌 것 같은데요."

"네, 하나님의 '전능함'이 엄마 품 같은 느낌이라면 아브라함에게 요구한 '완전함'은 인간적인 완벽함을 의미하는 게 아니라 아기가 엄마 품에 제대로 잘 안겨있기를 요구한 것입니다. 엄마가 아기에게 기대하는 건 엄마 젖 잘 먹고, 엄마 품을 떠나지 않고 꼭 안겨있는 거죠."

"완전 다른 느낌인데요. 뭔가 친근한⋯."

"맞아요. 하나님은 이미 아브라함을 선하게 인도해주셨잖아요. 갑자기 '너 똑바로 살아라' 이런 말씀을 하실 리가 없지요. 그래서 성경에 나오는 사건은 기본적으로 사람을 대하시는 하나님의 마음, 앞뒤 사건이나 문맥을 잘 봐야 합니다.

이 '완전함'을 성경의 다른 곳에서는 '의로움'으로 번역하기도 했습니다. 성경이 말하는 의로움은 사전적인 의로움이 아니라 하나님만 의지하는 태도인 것 기억하시죠?"

"예."

"기독교에서 완전함이나 의로움은 아기가 엄마를 전적으로 의지하듯 하나님을 전적으로 의지하는 걸 말합니다."

대화로 푸는 성경

계약과 담보

"그동안 제가 에이브러햄 링컨(Abraham Lincoln)처럼 '아브라함'이란 이름이 많이 알려져 있어서 그냥 불렀는데요, 사실 그의 본명은 '아브람'이었어요. 아브라함과 비슷하긴 한데, 의미가 달라요. 아브람은 '존귀한 아버지'라는 의미거든요.

그런데 아브람이 칠십오 세에 가나안 땅에 들어온 지 이십사 년이나 지나 하나님이 자신을 '나는 전능한 하나님이다'라고 소개하신 후에 그의 이름을 '아브라함'으로 바꾸라고 하세요. 또 아내의 이름도 바꿔주세요. 그녀는 원래 '사래'였습니다. 이는 '존귀한 어머니'라는 뜻입니다. 그걸 '사라'로 바꾸라고 하셨어요. 이는 '열국의 어머니'라는 뜻으로 사라도 많은 민족의 어머니가 될 거라는 의미지요."

"사라가 아들을 낳지 못했다면서요?"

"그게 문제였지요. 하나님은 전능한 분이시고, 아브라함이 마치 엄마 품의 아기처럼 하나님 품에 있다면 하나님이 아브라함과 사라에게 자식을 주셔야 마땅한데 전혀 기미도 없었습니다.

결국 오랜 시간이 흐른 후에 아브라함과 사라가 출산하게 되는데, 이 이야기는 단순히 하나님이 자식을 낳지 못하는 그들의 소원을 들어주는 차원이 아니라 하나님이 세상을 구원하는 메시아를 보내시려는 큰 그림을 펼치시는 것이기에 성경에 기록된 겁니다.

하나님은 창세기 17장 2절과 6절에 반복해서 '내가 너를 크게 번성하게 하리라'라고 말씀하십니다. 7절부터 10절에는 '너와 네 후손'이란 표현을 다섯 번이나 반복하세요. 사라는 임신한 적도 없는데 말입니다. 그런데 이것이 하나님이 일하시는 방식입니다."

"말을 하시는 건가요?"

"하나님이 아무것도 없는 데서 세상을 무엇으로 창조하셨지요?"

"말씀으로요."

"네, 하나님이 말씀하시면 되는 겁니다. 그런데 사람에게는 아무것도 보이지 않고, 계약서나 담보로 할 만한 것이 없으니 답답하고 막막하죠. 그런데 그때 하나님이 사람에게 기대하시는 게 바로 '믿음'입니다. '아무것도 보이지 않지만 전능한 하나님인 내 말을 전적으로 신뢰하고 기다려라' 하시는 거예요. 사람은 답답하니까 내심 담보를 원하지요. 그럼 신이신 하나님은 도대체 뭘 담보로 제공해야 할까요?"

"글쎄요? 궁금하네요."

"하나님 자신입니다. 하나님 자신이 가장 확실한데 다른 무엇을 담보로 내세우겠습니까? 그래서 담보를 주신 게 아니라 약속을 주셨습니다. '내가 약속하면 내 존재를 걸고 지킨다' 이런 겁니다. 그걸 성경에서는 '언약'이라고 합니다."

"하나님이 아브라함과 아브라함에게 속한 사람들과 이후 후손에게 언약의 증표로 '할례'를 요구하셨습니다. '할례'는 쉽게 말하면 포경 수술인데요, 이건 이스라엘에만 있는 게 아닙니다. 다른 민족들에게도 있습니다. 심지어 아직도 여성 할례를 하는 부족도 있습니다."

"여성 할례요? 여성 할례는 어떻게 하는 거죠?"

"클리토리스를 베는 겁니다. 이건 남성 할례와는 성격이 조금 달라서 인권적으로 문제가 많다고 지적받고 있습니다. 다시 돌아가면 '할례' 자체가 신성한 무언가가 아니라는 겁니다. 비슷하거나 똑같더라도 하나님의 말씀에 따르는 것이라 의미가 부여되는 것이지요. 똑같은 반지라고 하더라도 내가 사랑하는 사람으로부터 받은 것이 의미가 있는 것처럼 말이지요."

"하나님이 드디어 창세기 17장 16절에서 '네 아내 사라가 아들을 낳을 것이다' 하고 약속을 해주셨습니다. 만약 여러분이 아브라함 입장에서 이런 약속을 받으면 어떻겠습니까?"

"좋겠지요."

"여러분이 아브라함보다 믿음이 더 좋은데요."

"예?"

"17절에 보면 아브라함은 그 말씀을 듣고 웃었다고 합니다. 자기는 백 세가 되고 사라는 구십 세가 되어 절대 자식을 낳을 수 없는데 아들을 낳는다고 하니 너무 어이가 없어 속으로 웃은 거지요. 대신 하나님께는 예의를 지켜 '이미 낳은 내 핏줄 이스마엘이나 잘 살게 해주십시오'라고 아뢰었습니다.

그런데 하나님이 '이스마엘은 이스마엘대로 복을 주겠지만 내 언약은 사라가 낳을 아들과 맺을 것이다'라고 하셨습니다. 그러면서 그 아들의 이름까지 미리 '이삭'이라고 지어주셨지요. 이전에 하나님이 임신한 하갈에게 천사를 통해 태아의 이름을 '이스마엘'로 지어주신 적이 있지요. 그때 하갈은 임신이라도 했지만 지금 사라는 나이가 많아 임신 가능성이 없는 상태인데도 이름부터 지어주신 겁니다. 사람에게는 앞뒤가 맞지 않는 일이지만 하나님 입장에서는 말씀하시면 이루어지니까 전혀 거리낌이 없으신 거죠.

하나님은 여기까지 말씀하시고 올라가셨습니다. 하나님이 아브라함에게 뭘 하라고 하셨지요?"

"할례요."

"네, 아들 낳는다는 소리에 정신이 팔려서 할례를 잊어버리면 안 되죠. 아브라함은 자기와 아내의 바뀐 이름을 다 알리고, 자기부터 시작해서 이스마엘, 그리고 자기에게 소속된 모든 남자에게 할례를 행했습니다. 하나님이 명하시니까 그냥 한 겁니다. 하나님은 이런 아브라함을 좋아하셨어요. 여러분도 자녀들이 여러분이 시키는 대로 하면 이쁘잖아요? 하나님도 똑같습니다."

대화로 푸는 성경

불가능한 약속

"얼마 지나지 않아 하나님이 또 아브라함에게 나타나셨어요. 하나님이 나타나셨다는 건 사람이 인지할 수 있게 자신을 드러내주셨다는 걸 말합니다. 평소에는 닿을 수 없는 먼 곳에 계시다가 이때만 오신 게 아닙니다. 그건 지금도 마찬가지고요.

그런데 이번엔 혼자 나타나신 게 아니라 천사 둘을 대동하셨어요. 특이한 점은 평소에는 하나님이 딱 나타나시면 아브라함이 '아, 하나님이시구나' 하고 알아볼 수 있었는데, 이번에는 평범한 사람, 길을 가는 나그네의 모습으로 나타나신 거예요. 천사 둘도 마찬가지고요.

아무도 그들을 신이나 천사로 알아볼 수 없었습니다. 아브라함마저도요. 창세기 18장 1절에 보면 그날은 뜨거운 날이었습니다. 여행하는 나그네에겐 힘들고 고통스러운 조건이죠. 아브라함이 평소처럼 자기 장막 문에 앉아있는데, 세 사람이 보인 겁니다. 그는 그 일행이 하나님이나 천사인 줄 전혀 모르고 평소 나그네들을 대하는 태도로 대했습니다.

그들에게 가서 몸을 굽히고 자기 장막에서 먹고 쉬다가 힘을 차리고 다시 길을 가라고 권했지요. 여기서 '아브라함이 역시 하나님 믿는 사람이라 다르구나. 이렇게 해야 복 받는구나'라고 생각하면 곤란합니다. 이건 중동 지방의 풍습이고 예의였습니다. 우리가 워낙 할리우드 영화로 아랍의 테러리스트를 많이 접하다 보니 다들 그런 줄 오해하는데 그렇지 않습니다."

"네, 아랍인이 손님을 대접하는 그림이 잘 그려지지 않아요. 주로 영화에서 무서운 아랍인들 모습만 봐서 그런지…."

"중동 지방에도 순하고 선량하고, 가난해도 나그네 대접하는 걸 기쁨으로 여기는 사람들이 많습니다."

"그렇군요. 다행이네요."

"세 사람이 아브라함의 청에 응했습니다. 아브라함은 급히 장막으로 들어가 사라에게 빵을 만들도록 하고, 좋은 송아지를 잡아 하인에게 요리하도록 시켰습니다. 그리고 세 사람을 융숭히 대접했습니다. 그들이 다 먹고 난 다음에 '이들이 보통 사람이 아니구나'라고 생각할 만한 일이 벌어졌습니다.

갑자기 그중 높은 사람으로 보이는 사람이 '네 아내 사라가 어디 있느냐? 내년 이맘때 네 아내 사라에게 아들이 있을 것이다'라고 한 겁니다. 이때 아브라함과 사라의 형편이 어땠는지 성경에 나와있습니다. 창세기 18장 11절을 읽어주세요."

"아브라함과 사라는 나이가 많아 늙었고 사라에게는 여성의 생리가 끊어졌는지라."

"이러면 아들이든 딸이든 자식을 낳을 수 있습니까, 없습니까?"

"없지요."

"그런데 손님이니까 예의상 대접을 잘했는데 처음 보는 사람이 아들을 낳을 것이라고 하니 기분이 어땠겠습니까?"

"어이도 없고, 불쾌하기도 하고 그럴 것 같은데요."

"12절에 보면 사라가 속으로 웃었다고 했습니다. 생리가 끊어졌으니 임신을 한다는 건 있을 수 없는 일이지요. 그런데 앞에서 하나님이 아브라함에게 나타나서 아들이 있을 것이라고 말씀하셨을 때 아브라함이 어떻게 반응했는지 기억하세요?"

"웃었어요."

"예, 하나님이 말씀하셔도 피식 웃음이 나오는데, 지나가던 나그네가 좋은 대접을 받았다고 축복하는 말로는 너무 어이가 없는 거죠. 결국 아들을 주신다는 하나님의 말씀에 부부가 둘 다 웃고 말았습니다."

"사라는 지금 장막 뒤에서 듣고 속으로 웃었습니다. 그런데 그 말을 한 사람이 '사라가 왜 웃으며, 내가 늙었는데 어떻게 아들을 낳으리요 하느냐?'라고 그녀의 속마음을 꿰뚫고 묻는 겁니다. 사라가 속을 들켰으니 약간 겁도 나고 예의도 아니니까 웃지 않았다고 딱 잡아뗐습니다. 이에 그 사람은 '아니다, 너는 웃었다'라며 뒤끝 작렬 멘트를 남겼습니다. 이분은 바로 하나님이셨지요."

"하나님도 뒤끝 있으시네요?"

"그럼요. 하나님은 심판하는 하나님이시니 다 헤아리고 계시지요. '제가 그랬습니다. 용서해주세요'라고 하면 용서해주시지만 '내가 언제 그랬습니까?'라고 우기면 안 되지요.

14절에서 하나님이 '여호와께 능하지 못한 일이 있겠느냐?'라고 하셨을 때 아브라함과 사라는 그분이 보통 사람이 아님을 눈치챘을 겁니다. 아기가 엄마 품에만 있으면 모든 것이 공급된다는 거죠. 그 일을 하나님이 아브라함과 사라에게 하시겠다는 겁니다.

육신이 늙어 인간적으로 임신이나 출산을 할 수 없는 아브라함과 사라에게 일부러 한 번 더 나타나셔서 믿음을 갖도록 말씀해주신 겁니다."

대화로 푸는 성경

멸망의 이유 :
소돔과 고모라

만남 14

"아브라함을 방문하셨던 하나님이 떠나시면서 완전히 다른, 하지만 묘한 말씀을 하셨습니다. 창세기 18장 17절을 읽어주시겠어요?"

"여호와께서 이르시되 내가 하려는 것을 아브라함에게 숨기겠느냐."

"하나님은 지금 큰일을 행하시려고 하는데 그걸 아브라함에게 공개하신다는 겁니다. 바로 소돔과 고모라를 멸망시키는 일이었습니다. '소돔과 고모라 이야기' 들어보셨죠?"

"예, 멸망한 도시."

"하나님은 '소돔과 고모라에 대한 부르짖음이 크고 그 죄악이 심히 무겁다'라고 하셨습니다(창 18:20).

세상에는 많은 소리가 있지만 우리가 듣지 못하는 소리도 많습니다. 가인이 동생 아벨을 죽였을 때 아벨의 피에 적셔진 땅이 하나님께 호소한다고 했습니다(창 4:10). 인간은 듣지 못하는 소리지만 하나님께는 억울함과 고통을 호소하는 비명처럼 들리는 모양입니다. 소돔과 고모라에서도 그런 일들이 많이 자행되었던 것 같습니다. 하나님이 도저히 그냥 둘 수 없을 정도로 말이지요. 아마 아브라함도 그곳에서 일어나는 악행에 대해 소문으로 들어 알고 있었을 것입니다.

하나님이 아브라함과 이런 이야기를 하고 계실 때 두 천사는 이미 소돔과 고모라를 향해 떠났습니다. 하나님의 이야기를 듣고, 두 천사가 이미 떠난 것을 본 아브라함의 마음이 급해졌습니다. 왜일까요?"

"조카가 소돔에 살아서요."

"맞습니다. 아브라함의 조카 롯이 처음에는 요단 강변 비옥한 토지에 살다가 점점 옮기더니 결국 소돔 성안으로 들어가 버렸다고 했습니다(창 13:12). 그런데 하나님이 소돔을 멸망시키시면 조카 롯과 그 가족도 같이 죽게 되잖아요. 롯이 삼촌인 아브라함에게 한 짓을 생각하면 벌을 받아 마땅한 부분도 있지만 그렇다고 멸망을 당할 정도는 아니니까요."

"이어서 아브라함과 하나님의 아주 묘한 대화가 오갑니다. 말장난처럼 보이기도 하고 밀당처럼 보이기도 하는데요, 아브라함이 먼저 말을 꺼냅니다.

'하나님은 악인을 심판하시지만, 의인도 함께 멸하시면 정의롭지 않은 것 아닙니까?'라며 약간 도발적인 발언을 합니다.

피조물인 인간이 창조주의 정의를 거들먹거린 조마조마한 순간입니다만 하나님은 그걸 받아주십니다. '소돔에 의인 50명이 있으면 용서하겠다'라고 먼저 제안하시지요.

이에 아브라함은 너무 감사했지만, 생각해보니 50명까지 자신이 없었지요. 그는 하나님께 의인 5명이 모자라면 어떻게 하시겠냐고 묻습니다. 하나님은 의인 45명만 있어도 멸망시키지 않겠다고 하십니다. 그런데 아브라함이 45명도 자신이 없었습니다. 결국 40명, 30명, 20명, 10명까지 내려갑니다. 여러분이 하나님 같으면 어떻게 하시겠어요?"

"불쾌할 것 같은데요. '너 지금 나하고 장난치냐?'라고 하겠지요."

"충분히 그럴 수 있는 분위기입니다. 그런데 하나님은 그걸 다 받아주셨지요. '소돔에 의인 10명만 있어도 멸망시키지 않겠다'라고 약속해주셨습니다."

"하나님이 참을성이 많으신 것 같아요."

"그렇죠. 그렇지 않으면 우리도 이미 다 멸망했을 것입니다. 그때 아브라함은 소돔에 의인이 20명은 안 되더라도 10명은 넘지 않겠나 생각했던 것 같습니다. 그러나 안타깝게도 그 10명이 없어서 소돔은 멸망했습니다."

"여러분, 여기서 중요한 걸 발견할 수 있습니다. 도시가 망할 때는 악인이 많아서 망하는 게 아니라 의인이 없어서 망하는 겁니다. 악인이 많아 악을 행하더라도 거기에 물들지 않고 그걸 안타까워하면서 하나님께 호소하는 의인이 있으면 도시는 유지됩니다.

지금 우리가 사는 지역도 마찬가지입니다. 그래서 저는 매일 부산을 위해 기도하고 축복합니다. 살 만한 도시, 살고 싶은 도시가 되게 해달라고 합니다. 일자리가 있어 젊은이들이 떠나지 않고, 생기 있고 행복한 도시가 되게 해달라고요.

구약성경 잠언 11장 11절에 '성읍은 정직한 자의 축복으로 인해 진흥한다'라고 했습니다. 여기서 '정직한 자'는 천지를 주관하시는 하나님의 존재를 인정하는 자를 말합니다. 하나님이 살아계신 것과 그분이 어떤 분인지 안다면 자기가 사는 도시를 위해 기도가 절로 나오겠지요."

"목사님이 부산을 위해 기도하시니까 저희는 안심해도 되는 건가요?"

"그럼요, 안심하십시오. 사실 숫자가 많으면 더 좋은데 말입니다."

그들이 사는 모습

"아브라함과 하나님이 대화할 때 먼저 떠났던 두 명의 천사가 저녁 무렵 소돔에 도착했습니다. 그들이 아브라함의 영접

대화로 푸는 성경

을 받은 때가 햇살이 뜨거운 대낮이었으니 천사라고 해서 순간 이동을 한 게 아니라 몇 시간을 걷는 수고를 한 것입니다. 소돔으로 가는 길에 여러 가지를 보고 들었을 수도 있고요.

그렇게 두 천사가 소돔에 도착하자 그들을 영접한 사람이 있었는데 소돔 토박이가 아니라 아브라함의 조카 롯이었습니다.

창세기 19장 1절을 보면 롯이 성문에 앉아있었다고 했는데, 당시 성문은 단순히 출입구의 기능만 하는 것이 아니었습니다. 성문에는 사람들의 왕래가 많아 마치 광장같이 넓은 공간이 있는데 그곳에서 여론이 만들어졌지요. 그 성의 유력자들이 모여서 성읍에 관련된 일을 의논하기도 하고 재판이 일어나기도 했습니다. 롯이 거기에 앉아있었다는 것은 그가 나름 소돔에서 자리를 잡았다고 볼 수도 있습니다.

롯도 아브라함처럼 그들이 천사인 줄 전혀 모른 채 다가가서 자기 집에서 음식도 먹고 숙박도 하고 편히 갈 길을 가라고 권합니다. 그러나 두 천사는 거리에서 밤을 새우겠다고 말합니다. 이것으로 천사들의 행색이 어땠는지 짐작할 수 있습니다. 성읍에서 숙소를 얻어 잘 수 있는 모습이 아니었던 것입니다.

이에 롯은 그들에게 다시 한번 간청합니다. 유명한 사람이나 영향력 있는 사람을 자기 집으로 초대하기는 쉽지만 초면의 남루한 사람을 굳이 집으로 초청하는 건 쉽지 않습니다.

신약성경에 보면 '손님 대접하기를 잊지 말라 이로써 부지중에 천사들을 대접한 이들이 있었느니라'(히 13:2)라는 구절이 나옵니다. 바로 아브라함이나 롯을 말하는 거지요.

또 예수님은 '지극히 작은 자 하나에게 한 것이 곧 내게 한 것이니라'(마 25:40)라고 하셨습니다. 친한 사람을 대접하기도 해야 하지만, 자주는 아니더라도 잘 모르는 어려운 사람에게 호의를 베푸는 것이 중요합니다. 그 사람이 예수님이나 천사가 아니더라도 우리의 호의로 그가 위로를 받고 용기를 얻어 세상을 살아갈 힘을 얻는다면 하나님이 기뻐하시기 때문입니다."

"롯이 그들에게 저녁 식사를 대접하고 밤이 깊어 이제 자려고 하는데, 큰일이 벌어졌습니다. 소돔 백성들이 노소를 막론하고 롯의 집으로 모여든 것입니다."

"왜요?"

"참 어이없는 일이 벌어지는데요. 소돔 백성들이 '그 사람들을 내놔라, 우리가 상관하리라'라고 말합니다. '상관'은 '호모섹스'(동성간 성행위)를 말합니다."

"예?"

다들 표정이 별로 좋지 않았다. 사람들이 몰려와서 다른 집 손님들을 강제로 끌어내어 단체로 호모섹스를 하려고 한다니 그럴 수밖에 없다.

대화로 푸는 성경

"성경에는 좋은 이야기만 있는 줄 알았더니 이런 내용도 있네요."

"예, 타락한 인간의 실상을 적나라하게 드러내고 있지요. 그런데 이런 인간을 하나님이 포기하지 않으시고 사랑하셔서 구원하시려 기회를 주신다는 이야기가 성경의 핵심입니다.

롯이 혼자 소돔 백성들 앞에 나갔습니다. 자기 집에 온 손님이니 그들을 해하지 말라고 부탁합니다. 하지만 소돔 백성들이 들을 리가 없지요. 롯도 이미 알고 있었을 겁니다. 그래서 제안을 하나 하는데, 그것이 너무도 끔찍합니다. 남자를 가까이하지 않은 두 딸을 대신 내놓을 테니 마음대로 하라는 겁니다."

"예? 자기 딸을요? 진짜요?"

"예, 게다가 이 딸들은 약혼한 상태였습니다."

다들 표정이 더 굳어졌다. 속이 불편해서 불쾌한 표정이라고 해야 맞을 것 같다.

"믿어지지 않네요. 아빠가 딸을 그렇게 하다니."

"더 놀라운 건 소돔 백성들이 그 제안을 거부합니다. 그러고는 '네가 뭔데 그런 소리를 하냐? 나그네를 받아줬더니 네가 우리를 판단하느냐? 너부터 손봐 주겠다'라고 하면서 롯에게 달려들려고 했습니다. 상황이 너무 급박하게 돌아가자 천사들이 손을 내밀어 롯을 집안으로 피신시킵니다. 그리고 소돔 백성의 눈을 보이지 않게 해서 문을 찾지 못하고 헤매도록 만들었지요."

"정말 어이가 없네요. 기분이 이상해요."

"영어에 'sodomy'라는 단어가 있습니다. 소돔에서 온 단어인데요, 문란하다는 의미입니다. 소돔 백성이 이 사람들에게만 그랬을까요? 그동안 수많은 나그네를 이런 식으로 대했을 것입니다. 하룻밤 머무르다가 봉변과 모욕, 더럽힘을 당한 사람들이 얼마나 황당하고 억울했을까요. 그 부르짖음과 호소가 하나님께 다다른 것입니다. 여러분이 하나님 같으면 어떻게 하시겠습니까?"

"듣고 보니 소돔은 정말 벌을 받아야 할 것 같습니다."

미련을 버리지 못한 미련함

"롯을 보호하기 위해 문 안으로 끌어들이고 소돔 사람들의 눈을 멀게 한 천사가 급박하게 말합니다. '네 사위나 자녀나 성안에 너와 관계있는 사람들, 네게 속한 사람들을 다 성 밖으로 데리고 나가라.' 그러자 롯이 급히 자기 딸들과 그의 약혼자들에게 가서 '하나님이 소돔을 멸하실 것이니 같이 피난 가자'라고 말했습니다. 그러나 사위들은 농담처럼 들었습니다. 멀쩡한 성읍이 적군이 쳐들어온 것도 아닌데 하루아침에 어떻게 망할 수가 있냐는 거지요. 상식적으로는 맞는 이야기지만 대부분의 사람이 하나님의 말씀을 이렇게 판단합니다.

새벽 미명이 되었습니다. 천사가 롯의 가족이라도 빨리 피하라고 하는데 롯과 가족들은 주저합니다. 사실 믿기 어려운 일이기도 하고, 뭘 챙겨서 어디로 피신해야 할지 대책이 없으니까요. 이때 놀라운 일이 일어납니다. 두 천사가 각각 양손에 롯과 아내, 그리고 두 딸의 손을 붙잡고 성 밖으로 인도합니다. 성 밖으로 나오려면 성문을 통과해야 할 텐데요. 보통 성문이 언제 열리는지 아세요?"

"사극을 보면서도 그런 건 생각해보지 않았네요. 날이 밝아야 열리는 것 아닐까요?"

"그렇지요. 밤에는 보안을 위해 닫아두고, 해가 떠야 안전을 확인하고 성문을 열 겁니다. 그런데 성경에 보면 동트기 전이라고 했으니 성문이 열리기도 전에 롯의 가족이 성 밖으로 나온 겁니다."

"어떻게요?"

"글쎄요, 순간 이동을 한 것인지, 성벽을 훌쩍 뛰어넘은 것인지는 알 수 없지요. 우리는 그런 게 궁금한데, 성경은 그 경로를 중요하게 여기지 않습니다. 중요하게 여기는 건 하나님이 롯의 가족에게 자비를 베푸셨다는 것입니다. 두 천사가 롯의 가족을 향해 들에 머물지 말고 멀리 산으로 도망가라고 합니다. 그런데 롯이 멀리 있는 산에 다다르기 전에 멸망 당할까 무섭다며 근처에 있는 작은 성읍으로 도망하게 해달라고 청합니다. 거기가 바로 소알입니다. 여기 지도에 보이시죠?"

나는 지도에서 사해 남쪽 끝자락에 있는 소알을 가리켰다.

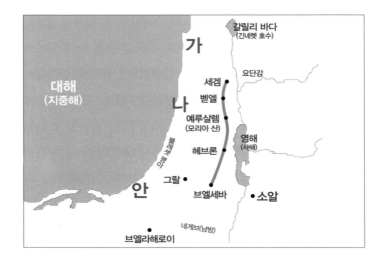

"천사는 롯의 가족이 그 성읍으로 도망할 때까지 기다릴 테니 빨리 피신하라고 했습니다. 롯이 소알에 들어갈 때 동이 터오르는데, 성경의 표현대로 하면 하나님이 소돔과 고모라에 '유황과 불을 비같이' 내리셨습니다.

그 지역은 건기와 우기가 구별되어 우기에는 비가 많이 내리고 메마른 곳에 강이 흐를 정도가 됩니다. 우리는 때로 20-30밀리미터가 내리기도 하지만 여긴 그 정도가 아니라 한번 내리면 집중 호우 수준입니다.

대화로 푸는 성경

그렇게 하늘에서 불만 내려도 무서울 텐데 화약 같은 유황도 같이 내렸다고 생각해보십시오. 아마 하늘에서 소돔과 고모라 위로 불기둥을 내리꽂는 듯했을 겁니다. 그 결과 소돔과 고모라와 그 안의 사람들이 흔적도 없이 사라졌습니다."

"그런데 여기에 중요한 에피소드가 하나 있습니다. 천사가 뒤를 돌아보지 말고 부지런히 도망가라고 했는데, 롯의 아내가 뒤를 돌아보는 바람에 소금 기둥이 되어버립니다."

"아이들이 보는 만화책에서 본 것 같아요."

"그런데 이 내용을 마치 롯의 아내가 가족과 함께 열심히 달리다가 혼자 멈칫하고 고개를 돌려 뒤를 돌아보니 갑자기 발부터 점점 소금 기둥이 된 거라고 생각하면 곤란합니다."

"그런 것 아닌가요? 만화책에는 그렇게 표현되었던 것 같은데요."

"그건 흥미롭게 표현하려다가 너무 그리스 로마 신화처럼 나가버린 겁니다. 만일 그랬다면 뒤를 돌아보는 여인상이 소알로 가는 길목 어딘가에 있을까요?"

"소금 기둥이 되었다면 있지 않을까요?"

"여행 가이드 중에 그렇게 안내하는 사람도 있다는 이야기를 들었지만, 정말 소금 기둥이 되었다면 삼천오백 년도 넘은 일인데 그동안 비바람을 맞으면서 풍화작용으로 다 깎이지 않았을까요?"

"그러네요."

"일단 제대로 정리하고 넘어갈 것은 멀리까지 도망갔는데 잠깐 뒤돌아봤다고 소금 기둥으로 만들어버리는 하나님이 아니시라는 겁니다. 하나님은 천사를 시켜 롯과 가족들을 구하러 갔고, 그들을 연거푸 설득했고, 그들이 산까지 못 간다고 하자 피신 장소를 근처 성읍으로 바꿔주기까지 하셨습니다. 어떻게든 그들을 심판에서 구하려고 하셨지요. 그런 하나님이 고개 한 번 돌렸다고 돌로 만들어버리시다니요."

"앞뒤를 보니 그렇긴 하네요."

"게다가 소돔과 고모라가 심판받는 장면을 롯의 아내만 본 게 아닙니다."

"또 누가 있었나요?"

"예, 아브라함도 동틀 무렵 일어나 소돔과 고모라가 어떻게 되는지 다 봤습니다. 그런데 아브라함에게는 아무 일도 일어나지 않았습니다. 좀 이상하지 않은가요?"

"그러네요. 아브라함은 봐도 되고, 롯의 아내는 보면 소금 기둥이 되고…."

"소돔과 고모라가 메두사도 아닌데 보는 것 자체가 문제는 아닌 거죠. 멀리 도망가다가 인간적인 미련으로 잠시 돌아보는 걸 기다렸다는 듯이 기둥으로 만들어버리는 하나님도 아니시고요.

저는 이걸 상식적으로 받아들이기로 했습니다. 창세기 19장

28절을 보면 아브라함이 멀리서 지켜볼 때 연기가 옹기 가마의 연기같이 치솟았다고 했습니다.

사실 그 옛날 돌이나 진흙 벽돌로 지은 성과 집에 불이 나봐야 연기가 치솟을 정도는 아니거든요. 다만 불과 유황이 내렸다고 했으니 큰 폭발이 일어난 겁니다. 엄청난 열과 폭풍이 몰아쳤겠지요. 그래서 천사가 아주 멀리 산으로 도망하라고 했을지도 모릅니다. 불이 내려 모든 걸 태웠다면 굳이 멀리 도망갈 필요는 없었을 테니까요.

여기서 생각해볼 점은, 롯의 가족이 그래도 소돔에서 한동안 살았는데 미련이 없었겠습니까? 딸들은 약혼자도 두고 왔지요. 저 같아도 한 번은 돌아볼 것 같습니다. 그런데 롯의 아내는 단순히 돌아보는 정도가 아니라 멀리 도망가는 것 자체를 하지 않은 것으로 생각됩니다. 혼자만 소돔 가까이 남은 거죠. 그래서 우리가 생각하는 소금 기둥으로 변해버린 게 아니라 폭발의 열과 재에 의해 탄화된 것이 아닐까 생각합니다. 베수비오 화산 폭발로 인해 도시 폼페이의 사람들이 돌처럼 굳어버렸듯이 말이죠. 물론 그 근처에 암염이 많기는 합니다만….”

“거기에 암염이 있어요?”

여자분들의 주제 전환 능력은 탁월했고 관심의 폭은 실로 넓었다. 바로 화제를 암염으로 바꾸다니.

“예, 기념품으로 팔기도 합니다. 그건 그렇고 롯의 아내가 정말 여인 모양의 짠맛 나는 소금 기둥이 아니라 순식간에 뜨거운 열에 의해 탄화된 것으로 보는 게 더 합리적입니다. '소금'이란 단어가 원래 '가루'를 일컫는 말이고, 기둥도 둥글거나 각진 기둥을 말하는 게 아니라 단단한 덩어리를 의미하거든요."

"폼페이를 생각하니 이해가 되네요."

우리는 소돔보다 나을까?

"소돔과 고모라가 말 그대로 '하루아침에' 세상에서 사라져 버렸습니다. 롯의 아내도 두 도시와 함께 사라져 버렸고요.

롯은 엄청난 충격을 받은 것 같습니다. 처음에 천사가 산으로 피신하라고 할 때는 너무 멀어서 못 가겠으니 가까운 작은 성읍인 소알로 들어가겠다고 했습니다. 그런데 소알이라고 별다를 게 있겠습니까? 비슷한 지역에 비슷한 사람들이니까요. 만약 여러분이 소돔과 고모라가 멸망하는 걸 봤다면 앞으로 어떻게 살 것 같습니까?"

"아무래도 좀 조심하면서…."

"그렇다면 소알 사람들이 개인적으로나 사회적으로 돌이켰을까요, 소위 회개했을까요?"

"아닌 것 같은데요."

"예, 소알 사람들도 처음엔 좀 놀랐을지 모르지만 전에 살

대화로 푸는 성경

던 대로 살았겠지요. 롯은 그런 모습을 보면서 안심할 수 없었을 겁니다. 소알도 언제 소돔과 고모라처럼 될지 모르기에 무서웠지요. 그래서 자기가 못 가겠다고 한 산지로 제 발로 들어갔습니다. 아브라함이 있던 산지가 아닌 반대편 산지로 요. 지금의 요르단 지역입니다."

모형 지도에서 아브라함이 주로 지냈던 헤브론─브엘세바 산지가 아닌 사해 건너편 지역을 가리켰다.

"롯은 아무래도 삼촌인 아브라함을 볼 면목이 없었던 모양입니다. 그런데 산지로 들어간 롯과 두 딸 사이에 어이없는 일이 벌어집니다. 산의 굴속에서 사는 딸들에게 무슨 소망이 있겠습니까? 어느 남자가 자기들을 신붓감으로 여겨줄까 생각하니 견적이 나오지 않는 겁니다. 하지만 후손을 잇고 싶은 소원은 있었지요. 그래서 딸들은 아버지 롯이 정신을 차리지 못하도록 술을 마시게 한 후 동침하자는 모의를 합니다."

"예? 정말요? 아버지하고요? 제정신인가요?"

"처음엔 큰딸이 동침하고, 그다음 날엔 작은딸이 동침했습니다."

"아버지가 어떻게 그럴 수가 있지요?"

"성경은 롯이 딸들과 동침한 것을 전혀 알지 못했다고, 그 정도로 인사불성이었다고 기록합니다."

"말도 안 돼요."

"예, 있을 수도 없고 있어서도 안 될 일이지요. 그러나 일어났습니다. 이것이 타락한 인간의 실상입니다."

"믿을 수가 없어요. 성경에 이런 일이 기록되어 있다는 것이…."

"성경은 구름 위의 거룩하고 아름다운 이야기를 기록한 책이 아니라 인간의 실상을 신랄하게 드러내고 그런 인간을 향한 하나님의 사랑과 그 방식을 기록한 책이기 때문이죠.

그 사건으로 롯의 두 딸이 임신해서 각각 나은 아들들을 통해 이루어진 민족이 모압과 암몬입니다. 이들은 지금의 요르단 쪽에 자리를 잡았는데요. 나중에 이스라엘 민족이 이집트에서 나와 가나안으로 들어갈 때 그쪽을 지나게 되었습니다. 이스라엘이 어떤 피해도 주지 않고 지나가기만 할 테니 길을 좀 열어달라고 부탁했지만 모압과 암몬 민족은 이를 거절하고 전쟁을 일으킵니다. 친척 민족인데 너무했지요."

"오늘은 여기까지입니다. 질문이나 소감 있으세요?"

"성경공부 중에 가장 충격이었어요."

"무엇이요?"

"소돔과 고모라에서 일어났던 일이나 아버지와 딸 사이에 일어난 일이요."

그 불편함이 아직까지 얼굴에 역력했다.

"질문을 하나 하지요. 지금 이 시대는 소돔과 고모라보다

대화로 푸는 성경

윤리나 도덕 면에서 많이 나을까요?"

대답이 나오는 데 긴 시간이 걸리지 않았다.

"아니요."

"성적 문란함은 극에 달했고, 부모가 자식을 학대하고 방치하고 죽이는 뉴스도 심심찮게 나오고 있습니다. 그러면 하나님이 이 도시를 어떻게 하셔야 할까요?"

"심판하셔야 하는데… 그러면 안 되는데요."

"심판하지 않으시면 심판을 받은 소돔과 고모라 사람들이 좀 억울하지 않을까요?"

"그렇긴 하지만 그래도 심판은 없었으면 좋겠어요."

"그래서 구원의 길을 열어주신 것이죠. 예수님이 오신 것은 심판하기 위해서가 아니라 구원의 기회를 주시기 위해서입니다. 천사의 손을 잡으니 롯이 소돔에서 구원받은 것처럼, 우리도 예수님의 손을 잡으면 구원을 얻습니다. 롯이 갑자기 자기앞에 나타난 사람을 천사로 알아보고 의지했을 때 구원받은 것처럼, 내 인생에 갑자기 등장하신 예수님을 알고 구원자로 믿는 것이 그분의 손을 잡는 것입니다."

약한 자를 보호하심 :
아브라함과 아비멜렉

만남 15

낮은울타리엔 친구 목사가 선물해준 좋은 커피머신이 있다. 좋은 원두도 계속 공급되고 있다. 그래서 모이면 커피부터 내려 마시면서 그동안 어떻게 지냈는지 자유롭게 이야기를 한다. 때로는 신변잡기를 이야기하느라 1시간을 보낸 적도 있다.

예전에 했던 신자들과의 성경공부는 신변 이야기를 해도 어느 정도 선이 있었던 것 같다. 한마디로 목사 앞에서 아이스 브레이킹은 어느 정도 수준으로 한다는 게 있었다. 그러다 보니 거의 예상된 시간에 진도를 나갔다.

그러나 비신자 여성들과의 이야기는 어디로 튈지 모르는 변화무쌍한 주제 덕분에 시간 가는 줄 모른다. 게다가 단순한 신변잡기가 아니다. 부동산이나 주식 이야기를 하면 "투자를 조금 하고 있어요" 정도가 아니다. 어느 종목에 투자를 했고, 얼마나 올랐는지 휴대폰으로 보여주기도 한다.

이번에는 얼굴과 피부 관리에 대한 이야기를 했다. 병원, 실

대화로 푸는 성경

비 보험 가능 여부, 시술 방법, 시술 부위 등등. 사십 대 후반으로 가는 나이라 그런지 관심이 상당했다. 나도 웬만한 대화에는 빠지지 않는 편인데 여기서는 주로 들을 때가 많다. 어쩌다 "아, 그래요?" 정도 추임새를 넣을 뿐이다. 근처에 관리를 잘한다는 병원을 소개받고 공부를 시작했다.

"오늘은 창세기 20장부터 할 겁니다. 1절에 보면 아브라함이 네게브 땅으로 가서 '그랄'이란 곳에 거주했다고 합니다. 앞서 네게브는 히브리어로 '광야' 또는 '남쪽'이라고 했지요. 아브라함이 주로 살던 헤브론 산지에서 남쪽 이집트 방향으로 이동했습니다. 평소는 남쪽에서 머물던 브엘세바로 가야 하는데, 이번에는 브엘세바에서 서쪽 지중해에 이르는 길 중간에 있는 그랄이란 곳으로 갔습니다."

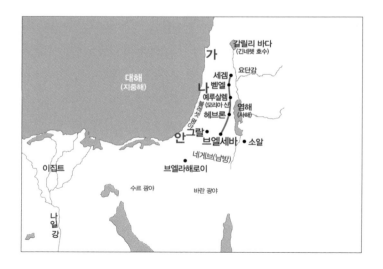

지도에서 헤브론과 브엘세바와 그랄을 가리켰다. 내가 그동안 아브라함 이야기를 하면서 지도에서 몇 번이나 아브라함의 이동 노선을 강조했기에 공부하는 분들도 아브라함이 평소와는 다른 곳으로 벗어난 사실을 인지했다.

"유목민들은 목초와 가축의 이동에 따라 늘 다니던 길로 다닙니다. 성경 기록에 의하면 평소대로 움직이지 않고 다른 곳으로 간 겁니다. 아브라함이 왜 그곳으로 갔는지 구체적인 이유는 나오지 않습니다. 사실 그가 그랄 땅에서 겪은 일은 흑역사이지만, 성경이 왜 이 사실을 기록했는지, 그것도 20장에 기록했는지는 나중에 알게 됩니다."

"아브라함은 기독교인들이 존경하는 사람인데 성경에 안 좋은 이야기는 기록하지 않는 게 좋은 것 아닌가요?"

"사실은 그렇죠. 그러나 성경이 그런 이야기도 기록한 것은 이 책이 아브라함의 위인전이 아니라 인간이 얼마나 연약한 존재인지, 그럼에도 그들을 하나님이 어떻게 사랑하시는지, 그리고 그들과 똑같이 지금 우리도 사랑하신다는 걸 나타내기 위한 책이기 때문입니다."

거짓말을 반복해야 했던 이유

"2절에 보면 아브라함이 그랄 땅에서 자기 아내 사라를 '누이'라고 소개합니다. 어디선가 들었던 얘기 같지 않으세요?"

"전에 이집트에서 했던 것 같은데요."

"예, 아브라함이 가나안 땅에 들어오자마자 기근이 들어서 식량 문제로 이집트에 갔을 때 일어났던 일이죠. 이십오 년 전 이야기입니다. 거기서 이집트 왕 바로가 아브라함의 아내를 후궁으로 삼으려 데려가는 바람에 민망한 일이 벌어졌지요.

그런 일이 또 벌어진 것입니다. 여기서 우리는 '아브라함이 정말 아내를 보호할 생각을 하지 않고 자기만 생각하는 비열한 사람이구나'라고 생각하기 쉽습니다.

그런데 몇 가지 더 생각할 부분이 있습니다. 아브라함이 왜 자기 아내를 누이라고 했습니까?"

"아내라고 하면 자기를 죽이고 빼앗아 갈까 봐요."

"아브라함이 왜 그렇게 생각할까요?"

"자기 아내가 이쁘니까요."

"지금 사라가 몇 살이라고 했지요? 앞에서 자기가 늙었고 생리가 끊어졌다고 한 것 기억하시죠?"

"어, 그러네요. 그럼 나이가 많은 건데."

"앞에서 나이가 구십 세라고 했습니다."

다들 표정이 조금 묘해졌다.

"아브라함은 자기 아내가 구십 세가 넘었는데도 너무 예쁜 겁니다. 심지어 다른 사람이 자기 아내를 빼앗기 위해 자기를 죽일 것 같은 공포를 느낄 정도로 말이죠."

"그러면 사라 입장에서는 좋아해야 하는 거네요."

"그렇죠. 아브라함은 진정한 애처가인 겁니다."

"와, 사라는 행복한 거네요."

"부부 사이가 너무 좋은 거죠."

"그런데 문제는 그랄 왕 아비멜렉입니다. 잠시 설명을 드리자면 '아비멜렉'은 블레셋 왕의 호칭입니다. 몽골의 왕을 '칸'이라고 부르고, 이집트 왕의 호칭이 '바로(파라오)'인 것처럼요. 그래서 한참 뒤에 또 아비멜렉이 나오는데 같은 사람이 아니라 블레셋의 다른 왕입니다.

'블레셋'은 지금의 '팔레스타인'으로 뉴스에 가끔 이스라엘과 서로 미사일도 쏘고 대치한다는 바로 그 민족입니다. 그랄은 블레셋 민족의 성읍 중 하나였지요.

그런데 아비멜렉이 왕이라면 얼마든지 젊고 예쁜 여자들을 후궁으로 데려갈 수 있지 않겠습니까?"

"그렇겠죠."

"그런데 왜 굳이 사라를 후궁으로 데려가려고 했을까요? 요즘 마스크를 쓰듯이 당시에도 베일로 얼굴을 가려 잘 알아보지 못했다고 하더라도 나이가 있는데 말입니다."

"듣고 보니 좀 이상하네요."

"옛날 왕 중에는 방탕한 사람도 많이 있었으니까 아비멜렉도 성적 취향이 이상한 놈이라 생각할 수도 있겠지요. 그러나

대화로 푸는 성경

아비멜렉만 그런 게 아니라 그랄 사람들이나 그 신하들도 사라의 미모를 인정했기에 그런 일이 생길 수 있었습니다. 그랄 사람들 사이에 사라가 이쁘다는 소문이 돌아야 아비멜렉의 귀에까지 들렸을 테니 말이지요."

이 이야기를 듣는 분들의 표정이 조금 묘해졌다.

"소돔과 고모라처럼 도시 전체가 이상한 것일까요?"

"좀 이상하긴 하네요."

"앞서 하나님이 아브라함과 사라에게 무슨 약속을 하셨지요?"

"아들을 낳게 해준다고요."

"하나님이 생리가 끊어진 사라에게 아들을 낳게 해주신다고 했는데 비실비실한 아들을 낳게 하실까요?"

"아니요."

"건강한 아들을 낳으려면 엄마가 어떤 몸이어야 하나요?"

"젊고 건강해야지요."

"그렇죠. 만약 노산이면 당시로는 아이를 낳고도 산모가 사망하거나 아기에게 젖을 물릴 수도 없는 일이 생기니까요."

"그럼 어떻게 된 건가요?"

"하나님이 사라의 몸을 건강한 아들을 낳을 수 있는 젊은 여인의 몸처럼 만들어주신 것입니다. 다시 생리를 해야 아들을 낳을 수 있잖아요. 아들을 해산할 체력이 있어야 하고, 낳은 아들에게 젖을 물릴 수 있는 건강한 몸이어야 하잖아요. 사라의 몸이 그렇게 변화되었으니 아브라함이 걱정한 것입니다. 아브라함도 상식이 있는데 사라의 몸이 예전 같다면 그런 걱정을 할 필요가 없지요."

"그럼, 사라가 회춘한 거네요."

"그렇죠."

"어떻게 그런 일이…."

"하나님은 흙으로 사람을 만드신 분이고, 죽은 사람도 살리시는 분인데, 그런 일에 비하면 회춘시키는 것은 쉬운 일 아닐까요?"

"그러네요."

교회에 다니면서 이 모임을 소개한 분이 말했다.

"전 지금 좀 얼떨떨하거든요. 이 부분을 읽기도 하고, 설교도 들어봤지만 한 번도 이런 이야기를 들어본 적이 없어서요."

"그런가요? 그럼 이 부분을 어떻게 받아들이셨어요?"

"그냥 그런가 보다 했지요."

"저는 아비멜렉의 태도가 이해가 안 돼서 생각하기 시작했습니다. 할머니를 데려다가 뭘 하려고? 그런데 앞 장에 하나님이 이삭의 출산을 약속하셨고, 뒷장에서 이삭이 태어납니다. 그러면 중간에 무슨 일이 일어나야 할까 생각한 거죠. 그러려면 사라가 회춘하는 일이 일어나야 하는 거예요.

성경은 '사라가 회춘했다'라고 쓰지 않고 아비멜렉 사건을 통해서 사라의 미모와 젊음이 많은 사람이 인정할 만한 정도였음을 증명한 거죠. 이게 훨씬 합리적이고 상식적이지 않은가요?"

"그런 것 같아요."

전화위복

"사라가 회춘하여 얼마든지 건강한 아이를 출산할 수 있는 건강한 몸이 된 것은 좋은데, 아비멜렉이 동침하면 안 될 일이죠. 보통 왕이 여인을 궁으로 데려가면 바로 동침하는 것이 아니라 여인을 준비시키는 기간이 있습니다. 아비멜렉이 사라를 데려간 첫날 밤, 사라는 아직 준비 기간 중에 있을 때 하나님이 아비멜렉의 꿈에 나타나셨습니다. 그리고 '그 여인을 건드리면 죽는다'라고 하신 거죠. 사라가 임신을 했는데 그 아이의 아버지가 아브라함인지 아비멜렉인지 알 수 없는 사건이 벌어지면 큰일이니까요.

아비멜렉은 꿈속에서 변명을 합니다. '아브라함이 사라를 누이라고 하지 않았습니까? 남편인 줄 전혀 몰랐습니다. 게다가 아직 동침하지 않았습니다.'

그러자 하나님이 '네가 모르고 한 것을 나도 안다. 그래서 미리 막으려고 하는 것이다'라고 하셨지요.

여기까지는 다행이죠. 그다음 하나님의 말씀이 아비멜렉에게는 무시무시하게 들렸을 겁니다. '아브라함은 선지자다. 네가 사라를 돌려보내고 그가 너를 위해 기도하면 네가 살 것이고, 네가 사라를 돌려보내지 않으면 너와 네게 속한 자가 다 죽을 것이다.'

성경에 보면 '선지자'라는 단어가 많이 나오는데 여기에 처음 나옵니다. 성경이 인정하는 최초의 선지자는 아브라함인 거죠. 이제 아비멜렉이 어떻게 할까요?"

"사라를 돌려보내겠지요."

"아비멜렉이 잠이나 제대로 잤겠습니까? 창세기 20장 8절에 보면 그는 아침에 일찍 일어나 모든 신하를 불러놓고 꿈 이야기를 했습니다. 다들 심히 두려워했지요."

"아비멜렉은 곧장 아브라함을 불러 따졌습니다. '나 완전 죽을 뻔했다. 너 무슨 생각으로 이런 짓을 한 것이냐?'라고 물었지요. 아브라함은 '이곳 사람들이 하나님을 두려워함이 없으니 아내를 빼앗기 위해 나를 죽일까 두려웠다'라고 속내를 밝힙니다. 이 말을 통해 아브라함이 그 지역에서 어떤 처지로 살고 있는지 헤아려 볼 수 있습니다. 그가 지금 몇 세라고 했지요?"

"백 세요."

"가나안 땅에 처음 들어올 때 나이를 기억하세요?"

"칠십오 세요."

"그럼 가나안에서 몇 년을 산 것인가요?"

"이십오 년이요."

"그럼에도 그는 여전히 외로운 나그네였던 것입니다. 그곳 사람들이 아브라함도 모르고 아브라함의 아내도 누군지 모르고 관심도 없었다는 거죠. 그러니 예쁜 여인이 보이니까 냉큼 왕에게 데려갈 생각을 한 것이겠지요.

이어서 아브라함이 변명을 덧붙입니다. '원래 사라는 나의 이복 누이였는데 아내가 되었습니다'라고요. 여러분, 이런 말을 하는 그가 어떻게 보이세요?"

"좀 찌질해 보여요."

"그래도 족장이고, 가장이고, 남편인데 비록 사실이지만 구차한 변명으로 일관하는 것처럼 보입니다. 이게 바로 아브라함의 실체입니다. 한 번에 사람을 감화시키는 탁월함이 있는 사람이 아니라 목숨의 위협 앞에서는 한없이 작아지는 보통 사람인 거예요.

그래도 참 귀한 건 그 연약한 사람이 하나님의 말씀에 순종하여 가나안 땅에서 불편을 겪으면서도 나그네로서 계속 살았다는 겁니다. 그래서 하나님이 그걸 의로움으로 여기셨지요."

"이전에 이집트에서 바로가 그랬던 것처럼 아비멜렉이 양과 소와 돈과 종들을 아브라함에게 주고, 사라를 깨끗한 몸으로 안전하게 돌려보냈습니다. 그리고 아브라함에게 그랄 땅에서 마음에 드는 곳을 골라 살라고 했습니다. 아브라함은 아비멜렉의 배려를 받으며 그랄 땅에 계속 머물렀던 것 같습니다.

그런데 아비멜렉이 사라를 데려온 그 일로 아비멜렉 왕가의 임신과 출산이 멈췄던 모양입니다. 왕가에는 후손이 중요한데 난감하게 된 거죠. 그러자 아비멜렉은 하나님이 선지자라고 한 아브라함에게 왕가를 위해 기도를 부탁한 것 같습니다.

아브라함이 아비멜렉을 위해 기도하자 아비멜렉의 아내와 후궁들이 다시 임신하고 출산하게 되었지요. 이 일 후에 아비멜렉이나 그랄 사람들이 아브라함을 어떻게 생각했을까요?"

"영험한 사람으로 생각했겠네요."

"그렇죠. 사실 아브라함과 사라는 얼굴을 들고 살기에 민망한 일을 당한 것이지만, 하나님께서 그 일이 사람들에게 계속 기억되지 않도록 아브라함을 신과 통하는 귀한 사람으로 또한 잘못 건드리면 안 되는 사람으로 기억되도록 바꿔주신 것입니다."

"전화위복이네요."

"맞습니다. 창세기 20장은 위기도 있었지만 사라의 회춘과 아브라함의 얼굴이 세워진 겹경사가 기록된 장이라고 할 수 있습니다."

엄마와 아빠의 차이

"앞에서 아비멜렉 사건을 통해 사라가 아이를 낳을 수 있는 젊은 몸으로 회춘했다는 것이 증명되었습니다. 그리고 하나님의 초자연적인 개입으로 아비멜렉이 전혀 사라를 가까이할 수 없었기에 사라가 가진 아이는 그와 아무 관계가 없음도 증명되었지요.

우리는 이 모든 일을 몇 줄로 정리된 글로 읽으니까 동화책처럼 '행복하게 잘 살았습니다'로 해피엔딩인 것 같지만, 이런 일들을 겪을 당시 그들의 심정을 한번 생각해보세요.

하나님이 '내년에 아들을 낳을 것이다'라고 하셨을 때는 '나를 놀리시나?' 했다가, 기적같이 회춘을 하니 인생을 다시 사는 것처럼 기분이 좋아졌다가, 아비멜렉이 사라를 빼앗아 갈 때는 허탈하고 절망했다가, 하나님이 아비멜렉의 꿈에 나타나 막아주셨다는 내용을 전해 들었을 때는 얼마나 가슴을 쓸어내렸을까요? 우여곡절이라는 단어가 오히려 밋밋하게 느껴지는 상황을 겪은 겁니다."

"정말 그러네요."

"정도는 조금 약할지 몰라도 우리가 바로 그런 삶을 살고 있지요. 한 편에서는 좋은 일이 생겼는데 다른 한 편에서는 예상치 못한 불행이 찾아오고, 한 편에서는 일이 풀렸는데, 다른 한 편에서는 수년째 일이 꼬이기만 하고."

"맞아요."

"우리 모두 웃는다고 다 좋은 게 아니고, 운다고 다 슬픈 게 아닌 참 얄궂고 복잡한 인생을 살아가고 있습니다. 하지만 이런 인생도 지나고 나면 '그땐 그랬지, 하나님이 이렇게 하시려고 그런 일을 겪게 하신 거구나'라며 깨닫게 되겠지요."

모두가 인생을 초월한 듯한 깨달음을 얻으려는 순간, 내가 한마디를 더 얹었다.

"깨닫는 건 나중이고 겪는 순간에는 힘들어요."

"목사님, 어쩌라는 거예요?"

"하나님이 우리를 향해 큰 그림을 갖고 계시지만 우리는 그 그림을 잘 알지도 못하고, 지금 어느 부분의 퍼즐이 맞춰지고 있는지도 모르니 일희일비하게 된다는 거죠. 하지만 그게 인생이니까 즐거울 땐 웃고 힘들 땐 울면서 살자는 겁니다. 다 깨닫고 다 초월하려는 부담감 없이요."

"하나님이 전에 말씀하신 대로 사라는 일 년 만에 아들을 낳아 이름을 이삭이라 했습니다. 그러면서 '하나님이 나에게 웃음을 주셨구나. 전에는 실소하게 하셨는데, 지금은 진심으로 웃게 하셨다'라고 고백했어요. 또 아브라함은 이삭이 난 지 팔 일 만에 하나님이 언약의 징표로 요구하셨던 할례를 행했습니다. 모든 문제가 사라지고 이젠 행복하게 사는 것만 남은 것 같았지요. 그렇게 잘 살았을까요?"

"아니요."

"어떻게 아세요?"

"인생이 그런 게 아니라면서요."

"저는 또 성경을 알고 그러시는 줄 알았어요, 하하."

"인생이 호락호락하지 않죠. 불길한 사건은 이삭이 젖을 떼는 걸 기념해서 잔치를 벌인 날 일어났습니다. 참 얄궂죠.

하갈의 아들 이스마엘이 이삭을 놀리는 걸 사라가 본 겁니다. 이때 이스마엘은 십 대 후반이고 이삭은 네 살 정도였어요. 여기서 '놀리다'라는 단어에는 성적인 의미도 약간 포함되어 있습니다. '희롱하다'라고 번역한 성경도 있고요.

나이 많은 이스마엘이 아주 어린 이삭을 어떻게 대했는지 정확하게 알지 못하지만, 멸시하고 비웃고 조롱하는 분위기가 있었던 건 확실합니다.

엄마인 사라는 눈에 불꽃이 튀었겠지요. 사라는 곧장 아브라함에게 하갈과 이스마엘을 내쫓으라고 했습니다. 그러나 아브라함은 매몰찬 결정을 바로 내리지 못합니다. 이스마엘도 그의 아들이니까요. 아브라함은 밤새 고민했습니다. 이럴 땐 아빠와 엄마의 입장과 생각이 참 다른 것 같아요."

"엄마는 그래서 서운한 것 같아요."

"아브라함이 결정을 내리지 못하고 있는 밤에 하나님이 그에게 말씀하셨습니다. 아브라함이 기도할 때 하나님이 깨닫게 해주신 건지, 아브라함의 꿈에 말씀하신 건지 알 수는 없습니다. 다만 이 일로 근심하지 말고 사라의 말대로 하라고 하십니다. 하갈과 이스마엘을 내쫓으라고 하신 거죠. 하나님께서 이스마엘을 책임지시겠다는 겁니다.

아브라함이 다음 날 아침 일찍 빵과 물 한 가죽 부대를 하갈의 어깨에 메워줍니다. 말이나 나귀 같은 짐승은 한 마리도 없이 둘만 내보낸 것을 말합니다. 밤새 고민한 것에 비하면 조금 인정머리 없이 내보낸 거죠."

"그러네요. 가축들이 없는 것도 아닌데, 재산을 떼준 것도 아니고 몸만 내보내다니요."

저쪽 엄마와 아들

"쫓겨난 하갈은 어디로 갔을까요?"

당연히 아무런 대답이 없다.

"질문을 바꾸겠습니다. 하갈은 어느 방향으로 갔을까요?"

"남쪽으로요."

"왜요?"

"이집트 출신이니까 그쪽으로 가지 않았을까요?"

"탁월한 추리이십니다. 비슷합니다. 하갈은 아브라함이 머무는 그랄 부근을 떠나 브엘세바 남쪽 광야로 향했습니다.

광야 길을 다니던 사람들도 아니니 하갈과 이스마엘은 길을 잃었지요. 재산도 없고 땅도 없고 친척도 없으니 사실 갈 곳도 없었습니다. 그러다가 물이 떨어졌고 이스마엘은 관목 덤불 아래 쓰러졌습니다.

하갈은 자기 아들이 그렇게 굶주리고 목말라 죽어가는 모습을 차마 볼 수 없어 화살로 쏜 거리만큼 50-100미터 정도 떨어져 아들 쪽을 바라보며 펑펑 울었습니다. 그때 하늘에서 하나님의 사자가 하갈을 불렀습니다. '하갈아, 무슨 일이냐?'

무슨 일인지 다 알면서 꼭 이렇게 물으신다니까요. 그러고는 '두려워하지 말라'라고 하시면서 놀라운 말씀을 하십니다. 우리가 보기에는 엄마인 하갈이 아들을 위해 펑펑 우니까 하나님이 응답하신 것 같지요. 그러나 뭐라고 말씀하셨는지 창세기 21장 17절을 읽어주세요."

"하나님이 그 어린아이의 소리를 들으셨으므로 하나님의 사자가 하늘에서부터 하갈을 불러 이르시되 하갈아 무슨 일이냐 두려워하지 말라 하나님이 저기 있는 아이의 소리를 들으셨나니."

"하나님이 누구의 소리를 들으셨답니까?"

"아이의 소리네요."

"네, 사실 이스마엘이 받은 충격과 슬픔은 어마어마했을 것입니다. 그래도 아버지 아브라함의 사랑과 관심 속에서 십 대 후반까지 자랐으니까요. 그런데 하루아침에 그런 아버지가 자기와 엄마를 광야로 대책 없이 내쫓아 버렸잖아요.

아버지와 아버지가 섬겼던 신과 이 모든 세상을 부정하고 싶었을 것입니다. 아마 미칠 것 같은 마음에 그 속을 제대로 표현하지도 못했을 거예요. 엄마인 하갈은 목놓아 울기라도 하는데 이스마엘은 제대로 울지 못했을 수도 있습니다.

그런데 표현하지도 못한 그 아이의 소리를 하나님께서 들으셨다는 겁니다. 이 대목에서 이스마엘의 고통이 어땠을까 생각하면 아프도록 슬프고, 한편으론 노예의 아들로서 버림받고 광야에서 죽어가는 서자의 소리를 하나님이 들어주셨다는 점이 뭉클합니다."

"실은 우리 아이들도 그럴 겁니다. 아직 어리잖아요. 자기가 겪는 상황이 뭔지, 자기가 느끼는 정서가 어떤 것인지, 지금 자기의 상태가 어떤지 파악하지도 못하고, 조금 파악을 했더라도 제대로 표현하지 못합니다. 사실 그건 어른도 잘되지 않는 거잖아요. 그러니 아이들은 어떻겠습니까? 얼떨떨하면서도 답답할 거예요.

그래서 부모가 잘 살펴보고, 물어봐 줘야겠지요. 거기서 아이들은 안정감을 느낄 겁니다. 광야의 이스마엘에게는 엄마인 하갈도 자기 연민에 빠져 우느라 물어주지 않았지만, 지금 우리는 아이들에게 '너는 어떠니? 괜찮니?'라고 물어봐 줘야 합니다."

"아이들에게 미안하네요. 오늘 만나면 꼭 물어봐야겠어요."

"하나님이 엄마인 하갈에게 말씀하셨습니다. '네 손으로 아들을 일으켜라, 네가 붙잡아 줘라, 내가 그 아이가 큰 민족을 이루게 해주겠다.' 이처럼 아이에게 엄마가 해줄 몫이 있고, 그 나머지는 하나님이 해주십니다. 그건 아이가 장성해서 하나님과의 관계에서 얻게 되는 것이지요.

하나님이 하갈의 눈을 밝히셨다고 합니다. 우리도 살면서 가끔 이런 일이 있지요. 전에는 보이지 않던 게 어느 순간 눈에 들어오는 것, 전에는 생각도 못 하다가 딱 깨달아지는 것들이 있지 않습니까? 눈이 밝아진 하갈이 샘물을 발견하고 가죽 부대에 물을 채워 아들에게 마시게 해서 살렸습니다.

21절에 나오는 '바란 광야'는 가나안 땅과 이집트 사이의 광야를 말합니다. 하갈과 이스마엘은 거기서 사냥을 하며 생계를 이어갔습니다. 나중에 하갈이 이스마엘의 짝을 얻어줬는데, 이집트 출신이니까 이집트 여인으로 며느리를 삼은 것 같습니다."

왕과 유목민의 계약 :
구약의 부활신앙

만남 16

"창세기 21장 22절 이하에는 아브라함이 블레셋(지금의 팔레스타인)의 왕 아비멜렉과 계약을 맺는 내용이 나옵니다.

계약을 맺는다는 건 기본적으로 상대방이 계약 당사자가 될만하다는 인정을 전제로 합니다. 그 지역의 왕이라면 권력과 군사력을 바탕으로 명령을 내리지 계약을 하지는 않겠지요.

그렇다면 아브라함이 뭔가 블레셋 사람들과 아비멜렉에게 인정을 받았다는 겁니다. 아브라함이 어디 살고 있었다고요?"

한 분이 모형 지도에서 손가락으로 대충 그 부근을 오가더니 한 곳을 찾았다.

"그럴이요."

"맞습니다. 아비멜렉의 배려로 제법 오래 살았던 것 같습니다. 그러면서 블레셋 사람들이 아브라함의 집에 어떤 일이 일어나는지, 그가 어떻게 사는지를 지켜봤겠지요.

22절에 왕인 아비멜렉과 군대 장관 비골이 아브라함을 인

대화로 푸는 성경

정하는 말을 합니다. '네가 무슨 일을 하든지 하나님이 너와 함께 계시도다.' 도대체 뭘 봤는지는 모르지만 왕과 장군이 이런 말을 할 정도면 분명 이들이 이렇게 반응할 만한 뭔가가 있었던 모양입니다."

"그러면서 23절에서 좀 묘한 표현을 합니다. '내가 너에게 잘 대해줬으니까 너도 나와 내 아들과 내 손자에게 잘 대해줘야 한다'라는 취지의 말이었지요. 여러분, 이 표현을 잘 보세요. 지금 누가 누구에게 부탁하는 겁니까?"

"아비멜렉이 아브라함에게요."

"그럼 누가 힘이 더 있다는 것입니까?"

"아브라함이네요."

"아브라함은 여전히 자기 소유의 땅 하나 없는 나그네인데 어떻게 그 지역의 왕에게서 이런 부탁을 받을 정도가 됐을까요?"

"글쎄요? 왜 그렇죠?"

"저도 모릅니다."

"예?"

"성경에 나오지 않습니다. 아비멜렉과 비골이 왜 그랬는지 구체적으로 나오지 않아요. 그저 그들이 본 것을 집약한 표현이 '하나님이 너와 함께 계시도다'인 겁니다. 아브라함을 건드리면 안 된다는 것을 왕과 장군이 확인한 거지요.

아브라함은 아비멜렉으로부터 이런 부탁을 받고는 '제가 뭘요, 여기서 살게 해주셨으니 제가 감사하지요'라고 하지 않고, 그렇게 하겠노라고 마지못해 허락하듯 말합니다. 그러면서 '이때다' 싶었는지 마음속에 있던 속상하고 서운한 이야기를 꺼냅니다.

블레셋 사람들이 아브라함의 우물을 빼앗은 사건이 있었는데 맞서지도 못하고 속수무책으로 당한 겁니다. 지역의 텃세는 요즘도 있으니 고대 사회에선 얼마나 심했겠습니까? 말도 꺼내지 못하고 속에 담아두었던 모양입니다. 이런 걸 보면 아브라함이 약간 뒤끝이 있어요."

"이 이야기를 들은 아비멜렉이 '나는 전혀 몰랐다'라고 말합니다. '아브라함 당신도 내게 말하지 않았고, 다른 사람들도 전혀 정보를 주지 않았다'라며 자신의 결백을 주장하지요.

이 일을 계기로 아브라함과 아비멜렉이 정식으로 계약을 맺습니다. 서로 계약의 당사자가 된 것이죠. 그 지역의 객이었던 아브라함이 왕과 계약을 체결할 정도의 유력자가 된 것입니다. 이건 부당함을 항의하지 못할 정도였던 아브라함 자신도 잘 모르는 변화였습니다. 하나님이 블레셋 사람들, 특히 아비멜렉의 마음을 움직여 아브라함을 그렇게 보도록 만든 것이었죠. 하나님이 아비멜렉의 꿈에 한 번 등장하신 게 엄청 큰 사건으로 남았던 모양입니다."

대화로 푸는 성경

잠시 동안의 행복

"지난번에 당시의 계약이 어떻게 행해지는지 말씀드렸는데 기억하시죠?"

"짐승을 죽이는 거요?"

"예, 짐승을 반으로 쪼개고 계약 당사자들이 그 사이로 지나갑니다. 계약을 어기면 그 짐승처럼 죽임을 당한다는 의미가 있죠. 아브라함과 아비멜렉은 양과 소를 잡아 서로를 선대하겠다는 계약을 맺었습니다. 도시국가의 왕과 나그네 유목민이 대등한 입장에서 계약을 맺었다는 것이 참 놀랍고, 왕이 먼저 계약 체결을 제안했다는 것이 더 놀랍습니다.

아마 아브라함도 놀랐을 것입니다. 자신이 그 지역에서 받던 대우를 본인이 가장 잘 알 텐데 왕이 반전 대우를 한 것이니까요. 그도 '이건 하나님 덕분이다'라고 생각했을 겁니다."

"창세기 21장 28절에 보면 아브라함이 이때 암양 새끼 7마리를 따로 준비했습니다. 아비멜렉이 '이것은 무엇입니까?'라고 묻자 아브라람이 '이것을 받고 내가 이 우물을 판 주인으로 인정해주시오'라고 대답했습니다. 아비멜렉은 그렇게 하기로 맹세하지요.

24절에 '맹세'라는 단어가 나오고, 31절에도 '맹세'가 반복됩니다. 그래서 그 장소를 '브엘세바'라고 부르게 됐습니다.

제가 지도에서 아브라함의 이동 경로를 말할 때 주로 헤브론부터 브엘세바라고 했는데, 실은 브엘세바라는 이름이 이때 정해집니다. '브엘'은 앞에서 들어보신 적 있죠? 하갈이 사라의 학대로 광야로 도망갔을 때 나왔었는데요."

"우물? 샘물?"

"예, 하갈이 광야에서 하나님의 사자를 만났던 우물이 바로 '브엘-라해-로이' 곧 '나를 살피시는 자의 우물'이었습니다. '세바'는 '맹세'라는 의미로 브엘세바는 '맹세의 우물'이란 뜻입니다."

대화로 푸는 성경

"계약을 마치고 아비멜렉과 군대 장관 비골은 블레셋 사람들의 땅인 그랄로 돌아갔습니다. 설마 왕과 장군, 둘만 나오지는 않았겠지요? 군대도 거느리고 왔을 것입니다.

아비멜렉이 마음을 뒤집으면 한순간에 군대의 공격으로 아브라함과 백 세에 얻은 이삭이 죽임을 당하고 모든 것을 빼앗길 수도 있었습니다. 그런 배경에서 아브라함은 왕과 계약을 한 것입니다.

그들 앞에서 속으로는 엄청 두렵고 긴장도 했겠지만 하나님이 담대함도 주신 것 같습니다. 사실 우리가 사는 하루하루도 보면 두렵고 긴장할 만한 것들에 싸여 살고 있지요. 하나님이 그 긴장을 감당할 넉넉한 마음을 주시지 않으면 노이로제에 걸릴 겁니다.

왕의 행렬이 돌아가자 아브라함은 그곳에 기념식수를 하고, 여호와의 이름을 불렀습니다. 이는 하나님이 도우심을 인정하고 예배했다는 뜻입니다. 그리고 그 지역에서 오랜 시간을 살았습니다. 아마 일상의 평안을 누렸을 것입니다.

그러나 그런 시간만 계속되지는 않았습니다. 자주 언급하지만 인생이 호락호락하지 않지요. 그건 하나님을 믿는 사람들도 마찬가지입니다. 뒤에 나오는 22장에서 어마어마한 사건이 벌어집니다."

치밀한 준비

"아브라함의 가정은 내부로는 하갈과 이스마엘과의 갈등이 사라지고, 외부로는 블레셋의 왕 아비멜렉과 계약을 맺어 거주지와 안전을 확보했습니다. 안팎으로 평안하고 행복한 생활이 시작된 것이죠. 여느 동화들처럼 '행복하게 잘 살았습니다'의 마무리 같은데 이젠 그대로 안 믿으시죠?"

"그럼요, 하하."

"신데렐라든 백설공주든 아무 문제 없이 살았을 리가 없죠. 아브라함도 족장으로서 여러 식구를 거느리고 목축하면서 사는 입장이니 크고 작은 문제가 많았을 겁니다. 그래도 일상에서 일어날 만한 일이었으니 대수롭지 않게 지냈겠지요. 그런데 감당하기 어려운 엄청난 일이 벌어졌습니다."

"하나님이 일주일 정도 가야 하는 모리아 산에 가서 아들 이삭을 제물로 바치라고 하신 겁니다. 이삭은 어느덧 십 대 청소년이 되어 후계자로 점점 믿음직하게 자라나고 있었는데 말입니다.

아이를 낳을 수 없어 마음을 접은 아브라함과 사라에게 일부러 오셔서 아들을 낳을 것이라 예언하시고, 이름도 미리 이삭이라 지어주시고, 다른 사람도 인정할 만큼 회춘까지 시켜서 기적적으로 낳게 하시고, 그 아이가 벌써 십 대까지 자랐는데 이제 와서 제물로 바치라는 겁니다. 어떻게 생각하세요."

"이해할 수 없죠."

"만약 이런 요구를 받으면 어떻게 하시겠어요."

"안 하죠."

"저 같아도 못할 것 같아요."

"대부분 그럴 겁니다. 하지만 아브라함은 아들 이삭과 두 종과 제사에 쓸 나무들을 준비해서 길을 떠났습니다. 사흘 만에 모리아 산이 멀리 보였지요. 아브라함이 지금 사는 곳이 어디라고 했죠? 지도에서 찾아보세요."

"여기요, 브엘세바."

아직 '브엘세바'란 단어가 입에 익숙하지 않아 지도에서 먼저 찾은 후 지명을 읽었다.

"모리아 산은 지금의 예루살렘입니다. 예루살렘을 찾아보세요. 아브라함이 주로 다녔던 산지 길에 있습니다."

"여기 있네요."

"브엘세바에서 예루살렘까지 직선거리로는 70킬로미터 정도 떨어져 있지만, 광야의 험한 길을 지나야 하기에 빤히 보이는 곳인데도 시간이 오래 걸립니다. 브엘세바는 저지대이지만 예루살렘은 700미터가 넘는 고지인 점도 있고요.

모리아 산이 눈에 보이는 정도가 됐을 때 아브라함은 두 종에게 짐을 지고 온 나귀와 함께 그곳에 머물러 있으라고 합니다. 아브라함과 이삭 둘만 가서 제사하고 오겠다는 겁니다.

만약 종들이 끝까지 함께했다면 아브라함이 이삭을 제물로 바치려 할 때 '주인님, 지금 뭐 하시는 겁니까? 왜 이러십니까? 제정신입니까?'라며 붙잡고 말렸을 것이고, 그럼 아브라함도 대책이 없었겠지요.

여기서 종들을 떼어낸 걸로 보아 아브라함이 정말 이삭을 제물로 바치려고 작정했음을 볼 수 있습니다. 순종하기 싫은 명령이라면 '하나님, 저는 순종하려 했는데 종들이 붙잡고 말리는 바람에 순종하지 못했습니다'라고 변명할 수도 있잖아요. 그런데 아브라함은 그 여지마저 원천 봉쇄 했습니다. 이게 그의 진심인 거죠.

아마 종들은 별로 이상하게 생각하지 않았을 겁니다. 족장인 아브라함이 혼자 하나님을 찾는 모습을 자주 봤을 테니까요. 이제 후계자인 이삭에게 그걸 전수하려나 보다 짐작했겠지요. 아브라함은 불과 칼을 들고, 이삭은 나무를 지고 모리아 산으로 향했습니다. 이때 아브라함의 마음이 어땠을까요?"

"엄청 복잡했을 것 같아요."

"아브라함도 사람이니까 그랬겠죠? 그런 그를 한 번 크게 흔드는 일이 생깁니다. 아들 이삭이 질문한 겁니다. '번제로 바칠 어린 양은 어디에 있습니까?' 보통 제사를 지내면 제물로 쓸 양이 필요한데 없으니까 이상하게 생각하고 물은 겁니다.

이때 아브라함이 정직하게 대답한다고 '제물은 너다'라고 했으면 어땠을까요?"

대화로 푸는 성경

"글쎄요···."

"이삭이 농담으로 여겼을 수도 있고, '진짜 나를 죽여 제물로 삼으려나?' 하고 도망갔을 수도 있겠지요.

아브라함은 대답합니다. '내 아들아 번제할 어린 양은 하나님이 자기를 위하여 친히 준비하시리라.' 아브라함의 믿음의 고백일 수도 있지만, 다른 한편으론 아들 이삭을 안심시키려는 아비의 배려였는지도 모릅니다."

구약의 부활신앙

"아브라함이 하나님이 정하신 곳에 도착한 후 이삭과 함께 돌을 옮겨 제단을 만들었습니다. 제단 위에 불을 붙일 나무도 잘 얹어놓았지요. 그리고 갑자기 아브라함이 이삭을 붙잡아 꼼짝 못 하게 묶고 제단 나무 위에 눕혔습니다. 저는 이때 이삭의 마음이나 반응이 참 궁금한데 성경은 침묵합니다.

오히려 성경의 관심은 백 세에 얻은 외아들 이삭을 잡아 제물로 바치려는 아브라함에게 집중하고 있습니다. 창세기 22장 10절에 보면 '칼을 잡고 그 아들을 잡으려 하니'라고 말합니다. 아브라함은 진짜 이삭을 죽이려고 한 것입니다."

"진짜요? 너무한 것 아닌가요?"

"진짜로 죽이고 끝장낼 것이었다면 아브라함은 제정신이

아닌 거죠. 그런 요구를 한 하나님도 이상한 것이고요. 창세기에는 기록되어 있지 않지만 아브라함의 마음에는 어떤 생각이 있었습니다. 그걸 기록해놓은 곳이 신약성경의 히브리서 11장 17절부터 19절까지입니다. 같이 읽어볼까요?"

"아브라함은 시험을 받을 때에 믿음으로 이삭을 드렸으니 그는 약속들을 받은 자로되 그 외아들을 드렸느니라 그에게 이미 말씀하시기를 네 자손이라 칭할 자는 이삭으로 말미암으리라 하셨으니 그가 하나님이 능히 이삭을 죽은 자 가운데서 다시 살리실 줄로 생각한지라 비유컨대 그를 죽은 자 가운데서 도로 받은 것이니라."

"아브라함이 이럴 수 있었던 이유는 우선 하나님이 자신에게 주셨던 약속을 기억했기 때문입니다. '네 자손이라 칭할 자는 이삭으로 말미암으리라'라고 하셨는데 이삭이 죽어버리면 하나님이 스스로 당신의 약속을 깨는 것이 됩니다.

두 번째는 자신이나 아내 사라가 죽었다고 표현할 정도로 출산할 가능성이 전혀 없는 몸이었는데, 회춘하여 건강하게 아들을 출산하게 만드셨으니 설령 자신이 하나님의 명령대로 이삭을 죽이더라도 그를 다시 살리실 거라는 확실한 믿음이 있었던 것입니다.

부활은 신약에서 예수님이 십자가에서 죽으신 후 생겨난 게 아닙니다. 하나님을 믿은 구약의 성도들도 이미 부활신앙을 가지고 있었습니다. 정말 놀랍죠. 무작정 순종한 게 아니라 말씀을 기억하고 하나님이 어떤 분이신지 생각해서 순종한 거예요. 보통 사람은 비이성적 상태로 빠질 수밖에 없는 상황에 오히려 지극히 이성적 판단을 통해 비이성적 행동으로 보일 수 있는 순종을 감행한 겁니다. 이것이 진짜 기독교 신앙의 색깔입니다."

"이해되는 것 같으면서도 이해되지 않는…."

"맞아요. 하지만 그래야 뻔하지 않죠. 뻔하면 재미없잖아요."

"11절에서 하나님이 하늘에서부터 '아브라함아, 아브라함아'라고 두 번이나 부르시는 걸 보면 분위기가 달라진 것 같습니다. 이건 하나님이 근엄한 분위기를 잡고 천천히 부르시는 게 아니라 다급하게 부르시는 것처럼 보이기 때문입니다.

아브라함이 아비로서 깊은 고민이 있었겠지만 그럼에도 확실한 부활신앙을 가지고 주저 없이 행하는 모습에 그를 빨리 불러 멈춰야 했지요. 하나님은 '그 아이에게 아무 일도 하지 말라'라고 하셨습니다. 그리고 아브라함을 향해 '네가 나를 정말 경외하는구나'라고 인정해주셨습니다.

여기서 처음 '경외'(敬畏)라는 단어가 나오는데 공경하면서도 두려워한다는 의미입니다. 인간이 하나님을 어떻게 대해야 하는지 표현한 단어로 그 수준을 아브라함의 태도에서 볼 수 있습니다. 그만큼 전적으로 하나님의 말씀을 신뢰하고, 행동의 준거로 삼아야 한다는 거죠."

"너무 어려운데요. 모든 기독교인이 그렇게 살아야 하는 건 가요?"

"아니요. 저도 그렇게 못 살아요. 아브라함도 늘 그렇게 산 건 아니고요. 하지만 하나님이 아브라함을 보고 그렇게 기뻐하신 걸 알면서 왜 그렇게 살지 못하는지 그 이유를 생각해볼 필요가 있지요. 왜 그럴까요?"

"하나님 말씀대로 살았는데 잘못될까 봐서요."

"맞아요. 저도 목사지만 그럴 때가 있어요. 상황을 아무리 살펴봐도 안 될 것 같고, 실패할 것 같은 생각이 들 때요. 그러면 하나님의 말씀보다 눈앞의 상황과 제 판단을 더 믿게 되는 거죠. 그냥 제 뜻대로 해버려야 속이 시원하니까요."

"하지만 '믿음'은 여기서 다르게 움직이게 하지요. 두 가지를 기억하는 거예요. 하나님이 어떤 분이신지, 무슨 말씀을 하셨는지를요. 그리고 내 눈으로 보고 내 머리로 판단한 걸 믿지 않고 전적으로 하나님을 신뢰하며 상황이나 자기 판단과는 반대로 가는 거예요. 혹시 영화 〈인디아나 존스〉 3편을 보셨어요?"

"본 것도 같고…."

"인디아나 존스가 절벽을 건너는 장면이 나와요."

"아, 본 것 같아요."

"그 절벽을 건너는 방법은 허공에 발을 내딛는 거래요. 방

법이 그것밖에 없다고 하니 죽을 각오로 발을 허공에 내딛어
요. 그런데 떨어지지 않지요. 마치 숨은그림찾기를 하듯 절벽
의 색깔과 똑같은 다리가 있었던 거예요. 보이지 않아서 내딛
기 전에는 몰랐지만 믿음으로 내딛자 다리의 존재를 깨달은
거죠. 하나님을 믿는다는 건 그런 거예요."

신앙은 신앙이고 삶은 삶이다

"창세기 22장 13절을 보면 그제야 아브라함은 한 숫양이
수풀에 걸려있는 걸 봅니다. 하갈이 사막에서 샘을 발견한 것
과 비슷하죠. 직전까지는 보지 못하다가 하나님의 말씀을 듣
고선 발견한 겁니다."

"그러네요."

"아브라함은 그 양을 잡아서 준비된 제단 위에서 제물로 바
쳤습니다. 사막에 샘이 갑자기 생긴 것도 아니고, 숫양이 그때
갑자기 수풀에 걸린 것도 아닐 텐데요. 그전까지는 그들의 눈
에 샘이든 양이든 보이지 않았던 겁니다.

우리도 마찬가지예요. 보고 싶은 것만 보고, 보이는 대로
만 판단하고선 그게 맞다고 우기는 게 인간입니다. 하나님은
미리 준비하시고, 사람은 사건을 겪고 나서야 그 준비하신 걸
깨닫는 존재입니다.

아브라함은 그 땅 이름을 '여호와 이레'라고 지었습니다. '하나님이 준비하신다', '여호와의 산에서 준비되리라'라는 뜻입니다.

한 가지 더 짚고 넘어갈 게, 13절에 보면 '아브라함이 그 숫양을 가져다가 아들을 대신하여 번제로 드렸더라'라고 했습니다. 이게 바로 '대속'(代贖)입니다. 대신 대가를 치르는 거지요. 예전에 설명했는데 기억나시죠?"

"예."

어림잡아 십 개월 동안 이 단어를 수십 번은 쓴 것 같다. 성경 이야기를 하는 목적이 바로 예수님이 우리를 어떻게 구원하셨냐는 것이니까.

"예수님이 우리에게 해주신 게 바로 '대속'입니다. 사람이 타락해서 하나님이 되려고 했기에 하나님과 단절되는 죽음을 맛보았고, 결국 육신도 죽고, 영혼도 지옥에서 영원히 하나님과 단절되는 죽음을 겪어야 합니다. 그런데 예수님이 대신 죽으심으로 그 대가를 치러주셨지요. 예수님은 '대속'하셨고, 사람은 '구속'(救贖) 또는 '구원'(救援)을 받은 것입니다.

하나님이 아브라함을 향해 '네 씨가 대적의 성문을 차지하리라, 네 씨를 통해 천하 만민이 복을 받으리라' 하셨어요.

여기서 '네 씨'는 단순히 외아들 이삭을 가리키는 게 아닙니다. 신약성경 로마서에 보면 여기서의 '씨'는 '예수님'을 가리킨다고 나와요. 그런데 예수님은 성읍을 빼앗고 성문을 차지한

대화로 푸는 성경

적이 없으시거든요. 그러면 여기 나오는 '대적'은 누구일까요?"

"사단이요."

"맞습니다. 그럼 '대적의 성문'은 사단이 사람들을 지옥으로 끌고 가는 문이겠지요. 그 문을 예수님이 빼앗는다는 건 지옥으로 끌려가는 사람들을 구원하신다는 의미입니다. 예수님을 통해 아브라함의 후손인 이스라엘뿐 아니라 모든 민족이 구원의 대상이 된다는 의미지요."

"이 모든 일이 지나간 다음 아브라함과 이삭이 종 둘과 나귀를 남겨뒀던 곳으로 돌아와서 같이 사라가 기다리고 있는 브엘세바로 돌아갔습니다. 성경의 기록은 여기서 끝나는데요. 이삭은 죽지 않았으니 해피엔딩인 것 같습니다만 저는 '이후에 그들이 어떻게 살았을까'가 참 궁금합니다."

"뭐가 궁금하세요?"

"첫째는 '이삭이 집에 돌아와서 엄마인 사라에게 자기가 당한 일을 이야기했을까?' 둘째는 '이삭은 아버지가 자기를 칼로 죽이려 들었는데 트라우마 없이 잘 지낼 수 있었을까?'입니다."

비신자분을 소개하신 분이 말했다.

"저는 한 번도 그런 생각을 해본 적이 없는데, 듣고 보니 그러네요. 목사님은 어떻게 그런 생각을 하세요?"

"내가 이 사건을 당했다고 생각해보세요. 이게 '하나님이 양을 준비해주셨다'라는 은혜로운 간증으로 끝날 사건인가 말입니다. 기독교를 옹호하는 마음으로 성경의 내용이면 뭐든 좋게 생각하려는 입장이 아니라 이 성경을 같이 읽어나가는 비신자의 입장으로 생각해보면 단순한 해피엔딩은 아니란 겁니다.

우리가 살면서 겪는 일에는 모두 명암이 있잖아요. 성경에 나오는 이야기니까 무조건 밝은 쪽만 보지 말고, 그들이 실제로 겪어야 했을 어두운 부분도 보자는 거죠. 왜냐면 우리는 명암을 겪으며 살고 있으니까요. 밝은 이야기만 듣다가 어두운 일이 생기면 '내가 뭘 잘못하고 있나?', '이런 일은 왜 생기는 거지?'라며 계속 찝찝할 수 있잖아요.

우리는 아브라함과 이삭의 해피엔딩을 부러워하지만 성경 속으로 들어가 그들의 입장이 되어보면 그들도 이 땅에 사는 동안에는 모든 것이 해피엔딩이기만 하지는 않았다는 겁니다.

히브리서 11장에 보면 아브라함은 늘 본향인 천국을 그리워했다고 하지요. 삶이 해피엔딩이면 굳이 천국을 그토록 그리워할 필요가 없을 텐데 말입니다. 믿음의 행보를 하면서도 여전히 삶의 문제와 씨름하며 천국을 사모하는 것이 기독교인의 '리얼 라이프'입니다."

대화로 푸는 성경

만남 17

약속 시간이 10분 지나 두 분이 낮은울타리로 들어오셨다.

"목사님, 저희 한 달 만에 모인 것 아세요?"

"벌써 그렇게 되었나요? 한 달이나 된 줄은 몰랐네요."

"가족 여행도 있었고, 다른 일도 너무 많았어요."

"5월이 가정의 달이라 모임이 어려울 줄 알았습니다."

"가정의 달보다 제가 카페를 열게 되었어요."

"와, 축하드립니다. 그럼 사장님이 되시는 거예요?"

"예, 지금은 사장이 아니라 다른 카페에서 일 배우고 있어요. 너무 힘들어요."

"얼마 전 바리스타 자격증 따시더니⋯."

"이걸 하려고 딴 건 아니었는데 남편이 하면 좋겠다고 일을 진행시키더라고요. 그런데 너무 빨리 진행되는 거예요. 정말 한 달 동안 시간이 어떻게 지나갔는지 모르겠어요."

"잘하실 거예요."

"오늘은 창세기 23장을 공부할 건데, 사라의 죽음으로 시작합니다. '사라'가 누군지 기억하시죠?"

"그럼요."

"아브라함의 아내요, 이삭의 어머니인 사라가 백이십칠 세로 헤브론에서 죽습니다. 헤브론이 어딘지 지도에서 찾아보시겠어요? 먼저 아브라함이 어느 노선으로 주로 다녔다고 했지요?"

"이 파란 선 위로요."

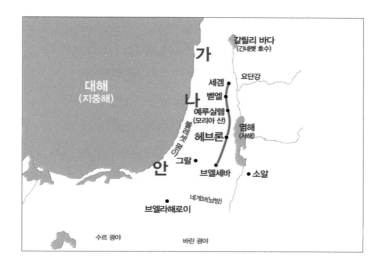

"그럼 그 위에서 찾아보세요."

"여기요."

"척척 찾으시니 가르치는 입장에서 정말 기분이 좋습니다. 아들 이삭은 몇 살일까요? 사라가 이삭을 몇 살에 낳았는지 기억하세요?"

"…."

"아브라함이 백 세에 이삭을 낳았는데 사라가 열 살 어리니까 구십 세입니다. 그러면….'

"삼십칠 세네요."

"예, 산수가 빠르십니다. 이삭에게 큰 의지가 되었던 어머니 사라가 사망한 것입니다. 그는 큰 슬픔에 빠졌을 겁니다.

문제는 사라의 장례를 치러야 한다는 거죠. 우리나라는 주로 땅에 묻지만 오래전에는 고인돌이 있었잖아요. 이 지방은 동굴 같은 곳에 시신을 두고 큰 돌로 입구를 막는 방식으로 무덤을 만들었습니다.

그동안 아브라함은 유목민으로서 브엘세바와 헤브론을 중심으로 왔다갔다했는데, 이젠 매장지가 필요한 상황이 되었지요. 아브라함이 헤브론 지역의 원주민인 헷 족속을 찾아가 매장지를 요청했습니다. 자기 소유의 땅이 한 평도 없었으니까요. 예의를 갖춰 헷 족속에게 자기를 소개하고 매장지가 필요한 상황을 설명했지요.

4절에 보면 아브라함이 자신을 '나그네'로 소개합니다. 아브라함이 가나안에 들어와 몇 년이나 살았는지 잠시 계산해 볼까요? 그가 가나안에 들어온 게 몇 살 때인지 기억나세요?"

"칠십오 세요."

"그때 사라의 나이는요?"

"육십오 세요."

"사라가 몇 살에 죽었다고 했죠?"

"백이십칠 세요."

"그럼 가나안에 몇 년 산 거죠?"

"육십이 년요. 엄청 오래 살았네요."

"예, 사라는 가나안에 들어오기 전 인생만큼 가나안에서 살 았습니다. 가나안에 오기 전에도 이동을 했으니까 사실 가나 안에서 가장 오래 살았다고도 볼 수 있습니다. 그런데도 아브 라함은 여전히 나그네로 땅 한 평도 소유하지 못했습니다.

부동산을 좋아하는 우리나라 사람으로서는 참 이해하지 못할 삶의 방식이지요. 그런데 이것이 인생을 바라보는 성경의 시각입니다. 천상병 시인이 인생을 '소풍'이라 표현했던 것처럼 성경은 인생을 본향을 향해 가는 나그네 길로 봅니다. 어떻게 생각하세요?"

"공감되는 부분이 있네요."

바가지를 쓰고 산 땅

"사라가 죽은 헤브론 땅의 원주민은 히타이트 족속입니다.

대화로 푸는 성경

성경에는 헷 족속이라고 되어있지요. 아브라함은 헷 족속에게
자기 아내가 사망했으니 매장지를 달라고 부탁합니다.

헷 족속은 의외로 아브라함을 '하나님이 세우신 지도자'라
며 치켜세우고 마음대로 고르라고 합니다. 분위기가 아주 부
드럽게 돌아가는 것 같습니다. 그런데 아브라함은 공짜로 받
지 않겠다고 합니다. 꼭 대가를 지불하겠다고 하지요. 왜 그
랬을까요? 이야기가 좀 더 진행되면 알 수 있습니다."

"아브라함은 매장지를 이미 봐두었던 모양입니다. 헷 족속
중 '에브론'이란 사람 소유의 막벨라 굴과 주변 밭을 값을 치
르고 살 수 있도록 허락해달라고 했습니다. 당시에는 땅을
사려면 요즘처럼 개인끼리 계약하는 게 아니라 부족에게 먼저
허가를 받아야 했던 것 같습니다.

매도인 지명을 받은 에브론은 헷 족속 앞에서 아브라함에
게 원하는 굴과 주변 밭을 거저 줄 테니 사라를 매장하라고
했습니다. 그런데 아브라함은 또 사양하며 꼭 대가를 치르겠
다고 합니다. 왜 고집을 피우며 돈을 쓰려는지 이해가 되지 않
습니다.

에브론은 '우리 사이에 무슨 거래를 하겠습니까?'라면서 '땅
값은 은 400세겔'이라고 합니다. 이게 웃기는 일이죠. 당시
400세겔은 완전 바가지 씌우는 금액이었어요. 거의 이백 년 뒤
에 요셉이 20세겔에 노예로 팔립니다. 그런데 굴이 있어 밭으

로서 가치가 떨어지는 땅을 이백 년 뒤 노예 몸값의 20배나 비싸게 부른 거죠. '우리 사이에 무슨 돈 이야기냐, 그냥 매장지로 마음껏 써라'라고 하고서요.

아마 아브라함은 그 지방에서 수십 년간 살면서 헷 족속의 이런 속내를 간파했던 것 같습니다. 옛날 콩트 중에 속상하고 서운한 일을 당해도 '괜찮아유~'라고 하던 개그 기억하시죠?"

"예."

"괜찮다고 하지만 괜찮은 게 아닌 거죠. 헷 족속도 거저 가지라고 했지만 진짜 거저 줄 생각은 없었던 겁니다."

"사람들이 왜 속을 감추나 모르겠어요. 그건 소통을 하는 게 아니잖아요."

"그러게 말입니다."

"아브라함은 거저 주겠다는 말이 그들의 본심이 아닌 걸 알고 바가지를 씌우는데도 두말하지 않고 삽니다. 하나님이 그 땅을 주시겠다고 했지만 오랜 세월이 흘러도 아브라함의 땅은 없었습니다.

어쩌면 그에게는 사라의 죽음이 기회였는지도 모릅니다. 사람이 죽으면 매장을 해야 하니 합당한 명분이 생긴 거죠. 공식적으로 그들의 반발 없이 땅을 차지할 기회가 된 것입니다.

그랬기에 아브라함은 두말없이 바가지인 걸 알면서도 땅을 삽니다. 헷 족속이 보는 데서 400세겔을 달아 에브론에게 주었고, 성문 앞 광장에서 많은 헷 족속이 공식적으로 막벨라 굴과 밭을 아브라함의 소유로 인정했습니다.

아브라함은 사라를 그곳에 장사했습니다. 이제 그곳은 아 브라함과 그 후손의 매장지가 되었고, 아브라함과 후손이 묻 힘으로 이스라엘이 고향처럼 생각하는 곳이 되었습니다."

결혼은 인륜지대사 : 이삭의 결혼

함께 창세기를 공부하는 여성분들은 성경을 갖고 오지 않 는다. 아이들을 위해서는 어린이성경을 사줬다고 했지만 정작 자신을 위한 성경은 없다. 성경을 선물할까 생각도 했지만 아 직 그런 분위기는 아니다. 공부할 때 같이 모니터를 보면 시선 도 모으고 쓰면서 설명도 할 수 있는 장점이 있다.

모니터에 창세기 24장을 띄웠다.

"사라가 백이십칠 세에 사망했다고 했는데, 그러면 아브라 함의 나이는 몇 살일까요?"

"백삼십칠 세요."

"나이가 엄청 많죠. 죽을 날이 머지않은 나이입니다. 그렇 다면 뭘 생각하게 될까요?"

"아들 장가를 보내야죠."

"맞습니다. 아브라함이 아들 이삭을 결혼시킬 생각을 합니 다. 그런데 육십 년 넘는 세월을 보내며 그 땅 사람들을 보고 그 땅에서 일어나는 일을 보니 그 땅 여인을 며느리로 맞고 싶지 않은 겁니다. 소돔과 고모라 일도 봤고, 롯의 가정이 어떻게 되는지도 봤으니까요. 그래서 자기 친척 중에서 며느리를 삼기로 작정합니다. 아브라함의 친척들은 어디에 있을까요?"

"고향에 있겠지요."

"그래서 아브라함은 자기 집안의 모든 살림을 도맡아 하는 고참 종을 고향 땅으로 보냅니다. 그런데 종을 고향으로 보내기 전에 묘한 걸 시킵니다. 자기 허벅지 밑에 손을 넣으라고 한 겁니다. 예전 성경에는 '환도뼈 밑에 손을 넣었다'라고 했습니다."

"환도뼈가 어딘가요?"

나는 일어나서 청바지 앞주머니에 박힌 리벳과 뒷주머니 사이를 가리켰다.

"이 부분인데요. 고관절 약간 뒷부분으로 생각하시면 됩니다. 족장이 앉아있으니까 허벅지 밑으로 손을 넣는 모양새가 되는 거죠. 당시 주인이 종에게 중요한 일을 시킬 때 요구하는 자세로 목숨을 걸라는 의미였습니다.

분위기는 엄청 진지하지만 이 장면을 머릿속에 그려보세요. 할아버지가 앉아있는데 다른 할아버지가 엉덩이 밑쪽으로 손을 넣은 모습이에요. 그리 아름다운 모습은 아닙니다."

"그러네요."

"이때 종이 아브라함에게 중요한 사항을 물었습니다. '만일 고향 땅 친지 중에서 고른 신붓감이 가나안으로 오려고 하지 않으면 이삭을 데리고 고향으로 돌아갈까요?' 주인의 진심을 헤아리려는 정말 똑똑한 종입니다. 아브라함이 집안 살림을 믿고 맡길 만하지요.

종의 질문에 아브라함은 반드시 신붓감이 와야 한다고 단호하게 말했습니다. 이는 그의 소신이 아니라 하나님의 약속 때문이라고 하지요. 하나님이 이 땅을 주겠다고 하셨기 때문에 이삭이 고향으로 돌아가서는 안 된다는 겁니다. 잠깐, 아브라함에게 자기 땅이 있나요?"

"아니요."

"그는 자기 땅이라곤 아내 무덤밖에 없으면서 현실보다 하나님의 약속을 더 확실히 믿었지요. 이런 부분은 참 대단하다고 생각합니다. 아브라함도 우리와 똑같이 실수도 많이 하고, 감정이 흔들리기도 하는 사람인 걸 이제까지 여러 사건을 통해 봤잖아요. 그런데 가끔 이런 멘트를 하는 걸 보면 신기합니다.

단 이런 부분에서 신앙의 방향을 잘 잡아야 합니다. '그러니까 아브라함이 구원받았지', '아브라함의 믿음을 본받자'라고 생각하면 공로주의로 가는 겁니다. 이는 구원의 근거가 아브라함에게, 사람에게 있는 거예요. 하나님이 그 사람을 구원하신 이유가 그에게 있다는 거죠. 이건 아닙니다.

'그런 아브라함에게 하나님이 어떻게 다가가 주셨길래 아브라함이 하나님의 약속을 철석같이 믿었을까?'로 가야 합니다. '나와 똑같은 아브라함을 오래도록 기다리며 믿음의 사람으로 빚어가신 하나님이 참 인내심도 많고 대단하시다'라고 생각하는 게 옳은 방향이지요.

그렇게 되면 '아브라함의 하나님이 나도 그렇게 빚어가실 거야'라는 소망이 생기고, 성경 이야기가 내 이야기가 되는 겁니다. 그렇지 않으면 그냥 옛날 이스라엘 신화일 뿐이에요."

"성경을 그렇게 봐야 하는 거군요."

신붓감의 조건

"아브라함의 종이 낙타 10마리에 신부에게 줄 예물을 싣고 다른 종들과 먼 길을 떠나 아브라함의 고향에 도착했습니다.

종은 그 지역 처녀들이 누가 누군지도 모르고 적당한 신붓감을 분별할 수 없는 상황이었죠. 그래서 하나님께 기도했습니다. '이런저런 상황이 되면 하나님이 예비하신 신붓감인 줄 알겠습니다'라고 조건을 단 거죠.

사실 이런 기도는 좋은 기도라 보기는 어렵습니다. 하나님과 거래를 하려는 태도이기 때문입니다. 하지만 이 종은 주인 아브라함이 자기를 전적으로 믿고 맡긴 일에 두려움과 떨림을 갖고 모든 것을 하나님께 의탁한 겁니다. 자기가 미련해서 분별할 수 없으니 이런 기도를 통해서라도 이삭의 신붓감을 제대로 발견하게 해달라는 간절함이 있었죠. 게다가 자기를 위해서도 아니고 타인을 위해서 이런 기도를 하기가 쉽지 않았을 겁니다. 이런 종을 둔 아브라함이 행복한 거죠."

"그런데 아브라함의 종이 주인의 며느릿감으로 하나님께 내건 조건이 아주 까다롭습니다. 저녁에 물 길으러 나오는 처자 중 한 명에게 '낭자, 내게 마실 물 좀 주시오'라고 했을 때 그 처자가 자기에게 물을 줄뿐더러 '제가 낙타에게도 마실 물을 주겠습니다'라고 해야 한다는 겁니다. 그냥 '친절한 처녀를 찾나 보다' 정도로 생각하기 쉬운데 그렇지 않습니다.

우리나라는 옛날에 동네 널찍한 곳에 우물이 있어 두레박만 내려 물을 길어 올리면 되었지요. 하지만 이 지역은 물이 귀한 곳이라 우물은 보통 땅 높이보다 몇 미터 아래에 있었습니다.

영화나 그림에서 본 것처럼 어깨에 항아리를 메고 온 여인들이 그 아래까지 내려가서 물을 긷고 다시 올라오는 수고를 해야 했어요. 자기 집에 필요한 물을 긷는 일조차 쉬운 일이 아니었죠. 게다가 낙타가 얼마나 물을 마시는지 아세요?"

"많이 먹겠죠. 10리터쯤?"

"그 열 배인 100리터쯤 마신다고 합니다."

"예? 정말요? 그렇게 많이요?"

"예, 100리터라고 하면 감이 잘 오지 않으니 우리에게 익숙한 방식으로 대충 계산을 해보겠습니다. 100리터면 2리터 생수병으로 50개지요. 6개씩 묶어서 판매하는 세트(12리터)를 약 8.3개 옮겨야 한 마리를 먹일 수 있습니다. 그럼 10마리를 먹이려면 몇 개를 옮겨야 하죠?"

"83세트네요."

"양손에 하나씩 들어야 약 42회 왕복하고 끝낼 수 있습니다. 그런데 생수 6개 들어보셨어요? 저도 힘들고 손이 아파 얼마 못 가서 손을 바꿔야 합니다. 게다가 동행한 다른 종들도 물을 마셔야 하잖아요. 그러면 5리터들이 물동이라고 하면 오르락내리락을 200번 이상 해야 하는 겁니다."

"보통 일이 아니네요."

"시간도 시간이지만 그걸 감당할 수 있는 몸이어야 합니다. 무게를 견디는 허리, 오르락내리락을 반복할 수 있는 허벅지, 물동이를 계속 들 수 있는 팔뚝이 있어야 하죠. 그럼 몸매가 어땠을까요?"

"그러면 이삭의 아내가 날씬한 여자는 아니었네요?"

"적어도 여리여리한 몸매는 아니었을 겁니다. 그런 몸매로는 도저히 감당할 수 없는 활동량이니까요. 오늘날과 미의 기준이 많이 다른 것도 있고요."

"종이 왜 그런 조건의 여인을 구했을까요? 여기서 종의 지혜를 엿볼 수 있습니다. 주인 아브라함은 자식을 얻지 못해 오래 고생했습니다. 그러니 며느리는 시집와서 금방 자손을 출산하는 건강한 여인이면 좋겠다고 생각했을 수도 있습니다.

또 유목을 하며 자주 옮겨 다녀야 하니 체력도 강하면 좋겠다 생각했겠지요. 그리고 무엇보다 큰 살림과 종들을 다 챙겨야 하는 안주인으로서 친절하고 넉넉한 마음씨가 중요했을 겁니다. 신랑감인 이삭도 그렇게 원했는지는 모르지만, 아무튼 지혜로운 선택이었다고 생각합니다.

그런데 성경의 다른 곳에서나 우리의 일상에서는 거의 볼 수 없는 극적인 전개가 이어집니다. 종의 기도가 끝나기도 전에 장차 이삭의 아내가 되는 리브가가 온 겁니다. 종이 혹시나 싶어 말을 건넸는데, 그녀는 정확하게 원하는 대답을 합니다.

그런데 18절과 20절 사이에 리브가가 이 일을 어떻게 했는지 나옵니다. 찾아보시겠어요?"

"급히?"

"맞습니다. 리브가가 '급히' 움직였다는 이야기가 두 번 반복됩니다. 종은 낙타가 마시기를 다할 때까지, 그러니까 리브가가 최소 1,000리터의 물을 길어다 줄 때까지 가만히 지켜보고 있었습니다. 친절하지, 착하지, 움직임 빠르지, 힘도 세지, 딱 원하는 스타일의 신붓감을 만난 거지요."

"조건을 대부분 만족시킨 리브가에게 좋은 금 장신구를 내밀었습니다. 단순히 물을 얻어 마시고 주는 사례로는 너무 과하죠. 좋은 그녀에게 누구의 딸인지, 집에 묵을 곳이 있는지 물었습니다. 그런데 이야기를 듣고 보니 그녀가 아브라함의 조카 브두엘의 딸인 겁니다.

리브가가 집에 가서 식구들에게 선물로 받은 금 장신구를 보여주며 있었던 일을 말하자 오빠인 '라반'이 우물로 달려 나왔습니다. 이 라반은 나중에도 나오는데 재물에 욕심이 많은 사람입니다. 그러니 좋이 다른 집을 숙소로 정하기 전에 달려 나왔겠죠.

마침내 좋이 아브라함의 동생 나홀의 아들 브두엘의 집에 들어갔습니다. 좋은 음식을 먹기 전에 자초지종을 말했습니다. 아브라함이 자기에게 했던 부탁, 자기가 하나님께 내세웠던 조건, 그것을 정확하게 맞춘 리브가를 만난 일까지요. 그리고 그녀를 가나안으로 데려가야 한다고 이야기했습니다.

그랬더니 브두엘과 라반, 곧 리브가의 아버지와 오빠가 하나님이 허락하신 일이니 변명의 여지가 있겠냐며 리브가를 데리고 가라고 합니다. 아마 리브가가 받은 금 장신구의 영향이 컸던 것 같습니다. 아브라함의 좋은 더 많은 예물을 꺼내서 리브가와 그 가족에게 나눠줬습니다. 그렇게 먹고 마시며 모두가 행복한 밤을 맞았지요.

　다음 날 아침, 종이 리브가를 데리고 당장 떠나겠다고 했습니다. 먼 길을 왔고 과업을 마쳤으니 좀 쉬어갈 만도 한데 이 종도 참 충성스럽습니다. 여독도 풀리지 않았을 텐데 바로 다음 날 돌아가겠다는 겁니다. 가족들은 조금 황당해서 리브가가 며칠이라도 가족과 더 있게 해달라고 간청하지만 종은 먼 길이니 하루라도 빨리 돌아가야 한다고 말합니다.

　가족들은 리브가의 의견을 들어보자고 타협안을 제시하는데, 리브가에게 물어보니 가족들의 속도 모르고 당장 가겠다고 하지요. 며칠이라도 물 당번을 덜 하고 족장 후계자의 아내가 되는 것이 훨씬 좋으니까요.

　종과 리브가와 그 일행이 다시 돌아올 때 아브라함과 이삭은 브엘라해로이 근처에 있었습니다. 사라를 매장한 헤브론에서 다시 브엘세바 근처로 돌아온 것입니다.

　이삭이 들에 나가 있는데 멀리 낙타 행렬이 보였습니다. 브엘세바는 사람이 살 수 있는 한계선에 있는 곳이고, 대상들은 교통이 좋은 해변가 길로 다니기 때문에 올 사람이 거의 없었지요. 이삭은 자기의 신부가 온 줄 알았을 것입니다. 리브가도 종의 이야기를 듣고 저 들판에 자기를 맞으러 오는 남자가 남편인 이삭인 줄 알고 베일로 얼굴을 가렸습니다. 예의를 갖춘 거지요.

　그렇게 이삭은 사십 세에 리브가와 만나 결혼을 합니다. 어머니 사라가 사망했을 때 이삭이 몇 세였지요?"

"삼십칠 세요."

"이삭은 사라의 사망 후 바로 결혼한 게 아닙니다. 삼 년이나 어머니를 잃은 슬픔 속에 빠져있었습니다."

"삼년상을 치른 거네요."

"특이한 점은 마지막 절에 있습니다. 이삭이 결혼을 통해 어머니를 장례한 후 위로를 얻었다고 했습니다. 어떻게 위로를 얻었나요? 리브가가 이삭을 많이 위로하고 부족한 사랑을 채워줬을까요? 성경에 뭐라고 써있나요?"

"이삭이 사랑했다고 나오는데요."

"그게 포인트입니다. 이삭이 리브가의 사랑을 받은 게 아니라 리브가를 사랑했습니다. 우리는 슬픈 일이 있을 때 누가 나를 위로해줘야 위로를 받는다고 생각합니다. 그런데 위로가 되던가요? 전혀 안 되는 건 아니지만 얼마 안 있어 또 금방 위로에 목마른 상태가 됩니다. 이에 대해 성경은 말합니다.

위로를 받음으로 위로가 되는 게 아니라 오히려 내가 적극적인 사랑을 함으로 위로를 얻을 수 있다고요. 아이러니지요. 그런데 이게 진리입니다. 그래서 성경은 주는 자가 복이 있다고 말합니다."

"오늘 목사님 말씀이 마음에 많이 와닿네요. 저도 주는 게 좋은 거라고 생각하고 주려고 하다가도 10을 줬는데 1이나 2만 돌아오면 서운하고 괘씸해서 점점 거리를 두게 되는 것 같아요."

"사람들은 당연히 '기브 앤 테이크'(give and take)의 원리에 의해 움직이죠. 그러나 성경은 '기브'(give)를 더 많이 하라고 하십니다. 왜냐면 그게 당장은 손해 보는 것 같지만 실은 사람이 사는 길이기 때문입니다."

"최근 마음에 걸리는 일이 있는데 오늘 성경을 배우니 다른 마음을 가질 수 있을 것 같습니다. 감사합니다."

"그렇게 들어주셔서 제가 감사합니다."

역기능 가정에 드러난 섭리와 은혜 :
에서와 야곱

만남 18

"사라가 사망했을 때 아브라함은 몇 세였을까요?"

"백삼십칠 세요."

"그런데 아브라함이 재혼을 했어요."

"예? 재혼을요?"

"이삭이 결혼을 하기 전인지 후인지 정확하진 않습니다. 이삭이 결혼을 한 다음이면 백사십 세가 넘어서겠지요."

"그런데 재혼을 한다고요? 남자들은 정말… 아브라함도 그냥 남자네요."

"재혼만 한 게 아니라 아들도 줄줄이 낳았어요. 그것도 여섯 명이나."

"그 나이에 하나를 낳아도 기적인데 여섯 명이나요?"

"예."

"여러 명과 재혼을 한 건가요?"

"아니요. '그두라'라는 여인 한 명입니다."

"그렇다면 매년 낳았어도 최소 칠 년 이상이 걸렸을 텐데. 그럼 백오십 세까지 아들을 낳은 거네요."

"계산상으로는 그렇네요."

"어후… 그러고 싶을까?"

이 모임을 주선하신 기존 신자분에게 물었다.

"혹시 '믿음의 조상 아브라함은 일곱 명의 아들이 있었는데요. 그중에 하나 키가 크고요. 나머지는 작아요. 오른손 올려요. 믿음의 조상~' 이렇게 반복하는 노래 아세요?"

"알지요. 그다음엔 '왼손 올려요~'잖아요."

"예, 오른손, 왼손, 오른발, 왼발 차례로 하며 얄궂은 춤을 추지요."

"저도 알 것 같은데요."

불교 집안이라고 한 분이 안다고 해서 놀라웠다.

"어떻게 아세요?"

"글쎄요. 저도 잘 모르겠네요. 여름성경학교에서 배웠나?"

"여름성경학교는 많은 아이를 초대했으니 그럴 수도 있겠네요. 그런데 거기에 아브라함의 아들이 몇 명으로 나오나요?"

"일곱 명이요."

"저는 어릴 때 노래를 따라 부르면서도 그게 너무 이상했어요. '아브라함의 아들은 이삭 한 명뿐인데 왜 일곱이라고 하지'라고 생각했죠. 어린이성경에는 아브라함의 재혼 이야기가 나오지 않으니까요. 초등학교 고학년이 되어 성경을 읽으면서 그제야 알았어요. 아브라함이 재혼을 했고, 다른 아들들도 낳았다는 걸요. 그 아들이 여섯 명이니까 이삭까지 일곱 명인 거죠."

"이스마엘은요?"

"서자라서 뺀 것 같아요."

"서자는 이래저래 서럽네요."

"그런데 아브라함이 생전에 후처에게서 낳은 아들들에게 재산을 나눠주고 모두 가나안을 떠나 동쪽으로 이주하게 했어요. 하나님의 약속대로 이삭과 그 후손이 그 땅에 있어야 하니까요. 백사십 세 가까이에 재혼하고 백오십 세가 되도록 자식을 낳은 건 좀 그렇지만 결정적인 순간에 하나님의 약속을 기억하는 건 참 귀한 모습입니다."

"아브라함이 백칠십오 세에 세상을 떠납니다. 그가 가나안에 칠십오 세에 들어왔으니 거기서 백 년을 산 거죠. 그러나 소유한 땅이라고는 바가지 쓰고 산 돌무덤이 있는 밭뿐이었습니다. 그는 하나님의 약속을 안고 살다가 떠난 겁니다.

그 약속이 이루어진 현실은 보지 못했지만, 신약성경에선 아브라함이 그걸 믿음으로 바라봤다고 합니다. 정말 믿음 하나만 붙잡고 산 거예요. 그래서 '믿음의 조상'이라고 하는지도 모르겠습니다.

대화로 푸는 성경

아브라함의 장례는 이삭과 이스마엘이 치렀습니다. 다른 아들들은 동쪽 땅으로 멀리 떠났나 봅니다. 이스마엘은 남쪽 광야 지역에 살고 있었으니 소식을 듣게 되었고요. 이삭이 아브라함의 마음을 헤아려 첫정을 주었던 아들이니 불렀을 수도 있고요.

두 아들은 아브라함이 헷 족속에게서 샀고 아내 사라가 묻혀있는 헤브론 땅 막벨라 굴에 아버지를 장사했습니다. 그리고 이삭은 또 헤브론을 떠나 멀리 남쪽 브엘세바 아래 브엘라해로이 근처에 살았습니다. 브엘라해로이 기억하세요? 하갈이 광야로 도망갔을 때 만난 샘이잖아요?"

"예."

"그러니까 브엘라해로이는 가나안 최남단 브엘세바에서도 더 광야로 들어간 곳입니다. 아버지 아브라함이 아비멜렉으로부터 확보한 브엘세바에서 제대로 거주하지 못한 거죠. 뭔가 어려운 사정이 있었던 듯 싶은데요.

그런데 창세기 25장 11절에 보면 '하나님이 이삭에게 복을 주셨다'라고 합니다. 이는 단순히 우리가 생각하는 그런 복이 아닌 것 같습니다. 하나님께서 이삭에게 주신 복은 앞으로 그의 일생을 보면 알 수 있겠지요."

미리 택하심 : 쌍둥이 에서와 야곱

"이삭이 사십 세에 리브가와 결혼을 했습니다. 공교롭게도 금방 아이가 생기지 않았지요. 어머니 사라에 이어 아내 리브가까지… 참 난감한 상황입니다. 하지만 하나님은 분명히 이삭의 씨를 통해서 세상 모든 사람이 복을 얻게 하시겠다고 했으니 언젠가는 아들을 낳게 하실 텐데 그 과정을 겪는 사람들은 하루하루가 힘들죠. 이삭이 아내 리브가를 위해 하나님께 기도했습니다. 뭐라고 기도했을까요?"

"아들을 낳게 해달라고 기도했겠지요."

"하나님이 기도를 들어주셨을까요?"

"들어주셨겠지요."

"예, 그런데 시간이 오래 걸렸습니다."

"얼마나요?"

"이삭이 자식을 낳기까지 이십 년이나 걸렸습니다."

"너무 힘들었겠네요."

"게다가 힘들게 임신했는데, 또 문제가 생겼습니다. 쌍둥이를 임신했는데요, 아이들이 배 속에서 너무 싸우는 겁니다.

임신하면 태동이 있잖아요? 그때 아빠로서 아내의 배에 손을 얹고 그것을 느끼면 정말 감동이죠. 생명의 신비를 느끼는 순간입니다.

그런데 리브가는 단순히 태동을 느끼는 정도가 아니라 정

대화로 푸는 성경

말 태아가 싸운다고 말할 정도로 견딜 수 없이 힘들었던 모양입니다. 그녀는 '이 일을 어떻게 해야 합니까?'라며 하나님께 기도했습니다. 그때 하나님께서 아주 독특한 말씀을 하셨지요. '네 복중에 두 민족이 있구나'라고요.

자기가 낳은 자식이 크게 되고 후손이 번성해서 민족의 조상이 된다는 건 명예로운 일이지요. 리브가는 두 민족의 어머니가 될 테니까요. 그런데 하나님은 배 속에서부터 두 민족이 나뉠 거라고 하십니다. 이건 쌍둥이 형제가 사이가 좋지 않고, 쌍둥이 민족 역시 사이가 좋지 않을 거라는 예언이었죠. 어미 된 입장에서 반가운 소식은 아니었을 것입니다.

그런데 하나님이 이어서 묘한 말씀을 하셨습니다. 창세기 25장 23절에서 '이 족속이 저 족속보다 강하겠고 큰 자가 어린 자를 섬기리라' 하신 겁니다.

여기서 성경의 표현법 하나를 익히고 넘어가겠습니다. 우리나라는 A와 B에 대해 말할 때 A'와 B'의 순서로 설명하는 데 익숙합니다. 하지만 성경은 반대로 B'와 A'의 순서로 설명합니다. 이것이 익숙하지 않은 우리로서는 헷갈리기 쉽습니다. 그럼 여기서 '이 족속'이 누구입니까?"

"어린 자네요."

"맞습니다. 그러면 누가 강하다는 거죠?"

"동생이 강하다는 거네요."

"그렇죠. 이 구조를 이해하시겠어요?"

"익숙하지 않지만 설명해주시니까 알겠어요."

"보통 장자가 족장의 자리를 이어받으며 많은 것을 누리게 되니 큰 자가 더 강한 것이 세상의 순리입니다. 그런데 하나님은 여기서 세상의 법칙, 첫째의 법칙, 강자의 법칙이 아니라 하나님의 택하심으로 그것들이 뒤바뀔 수 있다는 걸 보이시는 겁니다. 모든 일이 다 된 다음에 '이거 내가 한 거야'라고 말씀하시지 않고 미리 '내가 이렇게 정했으니 이렇게 될 것이다'라고 말씀하신 거지요. 자주 있는 일은 아니지만, 하나님의 택하심을 강조하기 위한 사건이라고 보시면 될 것 같습니다."

역기능 가정

"기한이 차서 리브가가 출산했습니다. 첫째는 온몸이 붉고 털이 많아 '붉다'는 의미로 '에서'라고 하고, 둘째는 첫째의 발꿈치를 잡고 나와서 '발꿈치를 잡다'라는 의미로 '야곱'이라 이름 지었습니다. 그런데 쌍둥이가 달라도 너무 다른 거예요.

에서는 아주 유능한 사냥꾼이 되어 '들사람'이라고 불릴 정도였습니다. 반면 야곱은 형과 다르게 조용히 장막에만 거했습니다. 그렇다면 고대 사회에서 에서와 야곱 중 누가 더 족장으로 합당해 보이나요?"

"에서요."

대화로 푸는 성경

"네, 에서가 고대 근동에서 원하는 남성상에 가깝게 남성적이고 외향적이니까 인정을 받았을 겁니다. 그런데 문제의 싹이 가정에서 생겨났습니다. 아버지 이삭은 에서를 사랑하고, 어머니 리브가는 야곱을 사랑한 겁니다. 부모가 편애를 한 건데요, 어이없는 건 편애의 이유입니다.

이삭은 에서가 사냥해온 고기에 맛을 들이더니 에서를 사랑했다고 합니다. 집에서 기른 가축이 많았을 텐데, 우리 식으로 말하자면 양식보다 자연산이 더 맛났던 거지요. 편애 자체도 잘못된 것인데 그 이유가 자신의 식성 때문이라는 게 너무 어이없지 않습니까?"

"정말요? 진짜 어이없네요. 어떻게 그럴 수가 있죠?"

자녀를 키우는 엄마들이라 그런지 자녀 편애 이야기에 민감하게 반응했다.

"어머니인 리브가는 집 안에 있던 야곱을 편애했습니다. 그러니 형제 관계가 좋을 리 없고, 부부 관계도 좋을 리 없었지요. 이건 심각한 역기능 가정의 모습입니다.

이처럼 성경은 믿음의 조상이란 사람들의 약점을 감추지 않아요. 왜냐면 성경은 믿음 좋은 사람들의 위인전이 아니기 때문입니다. 오히려 그들의 약점을 드러내지요. 하나님이 택한 사람들이 우리보다 뛰어나 특별히 택함을 받을 만한 조건이 있는 사람들이 아니었음에도, 심지어 보통 사람들보다 더 못난 모습이 있음에도 하나님이 그들을 택하셨다는 겁니다.

성경은 하나님의 무조건적 은혜를 말하거든요. 그래서 그 사랑과 은혜가 우리에게도 동일하게 주어질 수 있다는 거지요."

술수가 아니라 섭리

"에서와 야곱이 쌍둥이라고 하니까 어린 이미지로 생각하기 쉬운데 그렇지 않습니다. 에서가 익숙한 사냥꾼으로 인정받고 이삭의 입맛을 사로잡을 정도라면 제법 나이가 들었을 겁니다. 당연히 다음 족장 자리에 야곱과 신경전을 벌였겠죠. 나이 차이가 많이 나는 형제라면 서열이 확실하겠지만 발꿈치를 잡고 나온 쌍둥이 동생이라면 그 간발의 차이가 너무 아쉽지 않겠습니까?"

"그러네요."

"그래서 야곱이 특별한 계략을 준비했습니다. 에서가 사냥하고 돌아오는 시간에 맞춰 죽을 쑨 겁니다. 들판에서 짐승을 쫓아 돌아다녔으니 피곤하고 배도 고픈 에서가 죽을 보고 '내가 좀 먹자' 했습니다. 야곱은 때를 놓치지 않고 에서에게 '죽을 먹으려면 형의 장자의 명분을 내놓으라'라고 했습니다.

사실 족장의 자리를 이어받을 수 있는 '장자권'이 형태가 있는 것도 아니고 사고팔 수 있는 물건도 아니었거든요. 에서도 당연히 그걸 알았으니 말로만 그러겠다고 하고 야곱의 죽 한 그릇을 얻어먹은들 장자권이 쉽게 넘어가지 않는다고 생각했죠. 그래서 '그래, 너 가져라. 그럼 내가 이거 다 먹는다' 하며 먹은 거예요."

"그런데 나중에 보면 장자권을 야곱이 차지하게 됩니다. 그렇다면 야곱이 죽 한 그릇으로 장자권을 정식으로 구입한 것일까요?"

"좀 이상한데요. 그렇게 사고팔 수 있는 게 아니라면서요?"

"당연히 아니죠. 그런데 이들의 대화만 보고 그렇게 오해할 여지가 있다는 거죠. 리브가가 쌍둥이를 임신했을 때를 기억해보세요. 하나님이 뭐라고 하셨죠?"

"어린 자가 더 크게 될 거라고요."

"맞습니다. 그럼 누가 족장이 된다는 건가요?"

"동생이요."

"쌍둥이가 태어나서 누가 더 남성적인지 누가 더 사냥을 잘하는지 전혀 드러나지도 않았을 때, 하나님이 이미 동생을 족장으로 택하셨습니다. 그러면 야곱은 어떻게 하면 되나요?"

"그냥 기다리면 되겠지요."

"맞아요. 그런데 기다리지 못하고 인간적인 술수를 쓴 겁니다. 야곱은 자기가 계략을 세워서 죽으로 장자권을 산 것으로 생각했겠지만 큰 착각이죠. 우리도 마찬가지입니다. 우리가 수고하고, 노력하고, 고민하고, 애써서 잘하는 것 같고 여기까지 온 것 같지만 그렇지 않다는 겁니다. 하나님이 택하시고 베풀어주시는 은혜로 사는 거지요.

에서는 에서대로 그릇된 모습을 보였습니다. 장자권을 너무 가볍게 여긴 겁니다. 배가 고프다고, 죽 한 그릇에 '너 가져라' 식으로 말해버렸으니까요. 하나님이 가나안 땅에서 아브라함을 통해 이어가시려는 구원의 계획에는 아무 관심도 없고, 당장 내 배를 채우기 급급한 모습을 보였습니다.

이것도 우리에게 있는 모습이죠. 하나님께서 내 삶을 통해 이루실 일을 생각하기보다 내 욕심대로, 당장 내가 원하는 대로 이루어지길 바라고, 그렇게 되지 않으면 속상해하고, 하나님을 원망하고 심지어 부인하기도 하니까요.

간혹 '에서처럼 장자권을 가볍게 여기지 말고 야곱처럼 간절히 사모하자. 그러면 주신다'라고 적용하는 경우가 있는데, 간절히 사모하는 건 좋지만 그렇다고 꼭 주어지는 건 아닙니다. 여기서는 오히려 하나님이 이미 수십 년 전에 정하셨음에도 불구하고 헛짓을 하는 두 사람의 어리석음을 보여줍니다. 또한 그럼에도 신실하게 약속을 지키시며 은혜를 베푸시는 하나님을 드러내지요. 그래서 우리가 갈팡질팡하더라도 하나님의 은혜 안에 있다는 믿음을 갖게 됩니다."

"여기서 정말 주의해야 할 것은 '그렇다면 에서가 택함을 받지 못했기에 에서와 에서의 후손은 다 지옥에 가는 것인가'라는 생각입니다. 물론 아닙니다. 하나님이 야곱을 택하신 건 그의 혈통을 예수님까지 이어지는 혈통으로 택하셨다는 것입니다.

에서와 에서의 후손도 하나님이 주시는 햇빛과 단비의 은혜를 받으며 일상을 살아갑니다. 에서의 후손도 예수님을 믿으면 구원받고, 야곱의 후손도 예수님을 믿지 않으면 구원받지 못합니다. 구원은 혈통으로 받는 것이 아니라 믿음으로 받는 것이기 때문이지요.

지금도 마찬가지예요. 목사나 장로의 딸이라고 구원받는 것이 아니라 보살의 아들이라도 예수님을 믿으면 구원받습니다."

주일에 담임목사님 대신으로 설교하시기 위해
강단에 올라오셨을 때 처음 강신욱 목사님을 뵈었다.
경기도에서 사역하시다가
부산 해운대에서 목회하신다는 말씀을 듣자
해운대에 사는 동생 주영과 은화가 생각났다.
평소 전도를 위해 기도하던 동생들이라
강신욱 목사님을 연결시켜 드렸다.
나와 주영, 은화가 목사님을 만나고
함께 말씀 공부를 시작했다.
처음에 우주 이론과 말씀을 연결해서 설명을 들으니
믿지 않는 분들도 쉽게 이해할 수 있어 신선하고 재미있었다.
창세기를 배우면서는 시대 배경과 입체 지도를 보면서
설명을 들으니 성경에 대한 이해가 높아졌다.

_박정희

저는 불신자로서 목사님을 만나 성경공부를 한다는 게
처음에는 너무나 부담스러웠습니다.
그래서 만남의 시간이 다가오면 고민이 되다가도
목사님이 여태 만났던 기독교인의 느낌이 없이
너무나 편히 대해주셔서 그 시간이 점점 좋아졌습니다.
또한 성경 이야기도 너무나 재밌게 풀어주셔서
매시간 이야기를 듣는 것 같아서 좋았습니다.
목사님과 함께하는 동안 성경에 대한 이해도 높아지고
기독교에 대한 관심도 커졌습니다.
그동안 기독교인을 볼 때 색안경 끼고 보기도 했는데
그것에서 벗어나는 계기가 된 것 같습니다.
너무나 감사한 시간이었습니다.
_ 송주영

저는 해운대에 사는 새신자입니다.
서울에 있을 때 교회에 다니기는 했지만
제게 필요한 때만 드나들었습니다.
그리고 결혼하여 부산으로 오면서
지인의 소개로 교회에 몇 번 갔습니다.
성경에 대해 아는 게 없어서인지
목사님의 설교가 너무 어렵게만 느껴졌지요.

그러다가 코로나가 심해져서 교회에 갈 수 없게 되었는데
아는 언니를 통해 강신욱 목사님을 소개받고
격주로 한 번씩 만나 성경공부를 하면서
기독교에 대한 편견과 교회에 대한 인식이
조금씩 바뀌는 걸 느꼈습니다.
제 생각에 어떤 목사님과 성경공부를 하느냐에 따라
교회에 대한 믿음과 신뢰가 달라지는 것 같습니다.
예전에는 기도와 성경공부가 힘들게만 느껴졌는데
강 목사님이 어려운 부분을 잘 풀어주셔서 이해가 쉬웠습니다.
그리고 힘들 때 잠시나마 기도를 하는 습관도 생겼습니다.
항상 따뜻한 격려와 위로를 해주시는 목사님을 만나서
행복한 시간이었습니다.

_ 정은화

2022년 4월 부활절에 낮은울타리 예배를 시작했다.
함께 공부한 분들이 참석하기를 몇 달간 간절히 기도했다.
"할렐루야, 기도의 응답으로 이분들이 참석했어요"라고
하고 싶었다.
하지만 기도는 이루어지지 않았다.
속이 상했다.

기도상에 무릎을 꿇고 매일 기도했다.
여전히 기도는 이루어지지 않았다.
한번은 기도하면서 하소연을 했다.
'이럴 거면 기대하게 하질 마시든지요.'

그때 마음에 음성이 들렸다.
'입장을 바꿔놓고 생각해봐라.'
사실 그들은 예배 참석이 불가능한 상황이었다.

가족 중 기독교인이 아무도 없고
남편은 물론이고 어린 자녀들이
함께 있는 일요일 오후에
갑자기 예배드리고 오겠다고 집을 비우면
다른 가족이 황당해할 것이었다.

'그게 네가 원하는 거냐?'
'아니요.'
'그렇게 해서라도 예배 참석 인원이 많아지면 좋겠냐?'
'아니요.'
'그런 형편의 사람들이 주중에 꾸준히 모이는 게
신기하지 않냐?'
'그러네요.'

순간 내 생각이 바뀌었다.

주일예배도 참석하지 못하는 분들이
주중에 성경공부를 하러 꾸준히 모이는 게 기적이었다.
나는 하나님이 행하신 기적의 현장에 있었던 것이다.

특정 시간, 특정 장소에 앉아있는 것이 신앙이 아니다.
특정 시간, 특정 장소에 앉혀놓는 것이 전도가 아니다.
본질을 다시 생각하게 됐다.

우리는 여전히 소통하고 있다.
우리가 공부한 내용을 책으로 낸다니
기꺼이 실명을 밝히고 소감문까지 써주셨다.
다시 모여 창세기 26장부터 공부할 날을 기대한다.

나는 여전히 울타리 바깥을 향한다.
울타리 바깥엔 아직도 찾아야 할 양들이 많다.

대화로 푸는 성경 : 창세기

초판 1쇄 발행	2022년 9월 21일

지은이　　　강신욱

펴낸이　　　여진구
책임편집　　김아진 정아혜
편집　　　　이영주 정선경 최현수 안수경 김도연
책임디자인　조은혜 | 마영애 노지현 이하은
홍보·외서　　진효지
마케팅　　　김상순 강성민 허병용　　　　**마케팅지원**　최영배 정나영
제작　　　　조영석 정도봉　　　　　　　　**경영지원**　　김혜경 김경희 이지수

303비전성경암송학교　박정숙 최경식
이슬비전도학교 / 303비전성경암송학교 / 303비전꿈나무장학회

펴낸곳　　　규장

주소　06770 서울시 서초구 매헌로 16길 20(양재2동) 규장선교센터
전화　02)578-0003　　팩스　02)578-7332
이메일　kyujang0691@gmail.com　　　　홈페이지　www.kyujang.com
페이스북　facebook.com/kyujangbook　　인스타그램　instagram.com/kyujang_com
카카오스토리　story.kakao.com/kyujangbook
등록일　1978.8.14. 제1-22

ⓒ 저자와의 협약 아래 인지는 생략되었습니다.
이 출판물은 저작권법에 의해 보호를 받는 저작물이므로 무단 전재와 무단 복제를 할 수 없습니다.

책값　뒤표지에 있습니다.
ISBN　979-11-6504-360-5　03230

규 | 장 | 수 | 칙

1. 기도로 기획하고 기도로 제작한다.
2. 오직 그리스도의 성품을 사모하는 독자가 원하고 필요로 하는 책만을 출판한다.
3. 한 활자 한 문장에 온 정성을 쏟는다.
4. 성실과 정확을 생명으로 삼고 일한다.
5. 긍정적이며 적극적인 신앙과 신행일치에의 안내자의 사명을 다한다.
6. 충고와 조언을 항상 감사로 경청한다.
7. 지상목표는 문서선교에 있다.